あなたの予想と馬券を変える

革命競馬

ジョッキーVAR! 騎手名鑑

川田信一

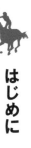

はじめに

ジョッキーの上手い下手、優劣を判断する基準は何か？

唯一無二の正解はない。騎手同士のお互いの評価は微妙に異なるだろうし、リーディング順位だけで決まるものでもない。

ただし、結論が正しいかどうかはさておき、私は独自の基準を持っており、それを活用してオイシイ馬券をガンガン獲っている。これは、紛れもない事実である。

だから私は、その基準に自信を持っている。そして、騎手のウデを極めて正確にジャッジできていると思っている。

もし私の見方や考え方が間違っていたら、これだけの馬券（カバー周りで紹介したのは直近の的中例のごく一部※3章に詳述）を獲ることができている理由を説明できない。

私はその基準をもとに、近年の過去のレースVTRを徹底検証。JRAに所属するすべての騎手（著しく騎乗回数の少ない騎手を除く）の能力の数値化を実現した。

その結果を名鑑形式にしてまとめたのが、馬券術【ジョッキーVAR（ヴイ・エー・アール）】（すなわち本書）である。

VARは、サッカーW杯カタール大会の日本vsスペインにおける〝三苫の1ミリ〟で有名になった、ビデオ・アシスタント・レフェリーの略称に由来する。何度も繰り返してレースVTRを再生し、小刻みにストップして静止画にし、それこそミリ単位で細部にわたるまでチェックしたので、このように命名した。

詳細は本編に譲るが、「追える・追えない」「鞭の使い方の巧拙」などの技術力、「ポジション取りの上手さ」「仕掛けのタイミングの良し悪し」などの戦術力が、すべて数字で示されている。

この情報を持っているのは私だけ。もちろん、完全なる〝JRA非公式データ〟である。

私は乗馬経験こそあるものの、もちろん競馬のレースへの騎乗経験はない馬乗りのシロウトである。そんな人間が好き勝手に「この騎手は上手い」「この騎手は下手」と論じているわけだから、面白く感じない方は多いだろう。

騎手本人たちにしても、「何もわかっていない」と反論したくなる点は多々あるはずだ。

だから私は、ある程度批判されることは覚悟している。

しかし、これだけは強調しておきたい。

【ジョッキーVAR】の評価はあくまで私見であり、それが正しい・合っていると主張するつもりはこれっぽっちもないということだ。

騎手に対して、誹謗中傷をしたりクレームをつけたりする意図もいっさいない。ましてや、日本競馬界の発展のために提言をしたいわけでもない。

ただただ、私自身が馬券で勝つこと、そして私のサロン（KawadaSalon）の会員の皆さん（今後は本書の読者の皆さんも）を勝ち組に導くことだけを考えている。

ひとりの競馬ファンが自らの基準にもとづいて予想をし、自己責任で馬券を買っているのだから、誰からも文句をいわれる筋合いはないだろう。

そもそも、騎手の技術や騎乗ぶりについて批評するファンに対し、「馬に乗ったこともないくせに」といったたぐいのことを口にしたり、心の中で思ったりする騎手（や競馬関係者）はいかがなものかと思う。

騎手はレースで騎乗する、いわば商品を提供する側で、馬券を買う我々ファンは客の立場。馬に乗ったことがあるかどうかは関係ない。客を納得させ、満足させる商品を提供する（プレーを見せる）のがプロの仕事なのだから、それは禁句中の禁句といっていいだろう。

プロ野球の選手が連続して三振を喫してファンにボロクソにいわれたら、「プロのピッチャーの球を打ったこともないくせに」と反論するだろうか？

そんな報道は、一度も目にも耳にもしたことがない。競馬の騎手もそれは同じで、「馬に乗ったこともないくせに」は、著しくプロ意識が欠如した感覚といわざるを得ないだろう。だから私は、信念に従って馬券を買い、遠慮なく騎手を批評させていただくスタンスをとり続けている。

本書は、第1章が【ジョッキーVAR】のロジック解説、第2章が数値化された騎手の能力を網羅した騎手名鑑、第3章が【ジョッキーVAR】の活用法という構成でまとめられている。もちろん、目玉はJRA非公式データで埋め尽くされた第2章だ。

ここで取り上げたのは、ＶＩＰ騎手15人と、その他騎手72人の計87人。ＶＩＰ騎手はリーディング上位騎手ではなく、能力が高いのに世間の評価はあまり高くない（人気の盲点になりやすい）騎手を中心に構成されている点が大きな特徴であり、【ジョッキーＶＡＲ】最大のセールスポイントとなる。

いわば、シンプルに「上手くてカネになる騎手」を厳選したのがＶＩＰ騎手。なかには賞味期限があまり長くない狙い目も含まれるので、世間にバレる前に、配当妙味があるうちに、積極的に買ってボロ儲けしていただきたい。

【ジョッキーＶＡＲ】の世界にひとたび足を踏み入れれば、騎手に対する考え方がおそらく激変するだろう。同時に、皆さんの収支も（上向くほうに）激変することを願ってやまない。

2024年4月　川田信一

目次

ジョッキーVAR！騎手名鑑

装丁●橋元浩明（sowhat.Inc.） 本文 DTP ●オフィスモコナ

写真●武田明彦 騎乗フォーム・イラスト●田村正一 馬柱●優馬

※名称、所属は一部を除いて 2024 年4月 28 日終了時点のものです。

※成績、配当、日程は必ず主催者発行のものと照合してください。

本書のデータの最終集計は 2024 年4月 14 日終了時点です。

馬券は必ず自己責任において購入お願いいたします。

第1章

史上初！騎手の技術力・戦術力を数値化

馬券術【ジョッキーVAR】の核心

後追い理論と一線を画す【ジョッキーVAR】

馬券術【ジョッキーVAR】の最大の特徴は何か？

それは、騎手の能力を数値化したことにある。騎手の能力を「技術力」と「戦術力」に大別し、それぞれ細かく数値化して現すことを可能にしたのだ。

技術力や戦術力の数値化に関するセールスポイントとして、JRAの公式データからはわからない点を分析していることが挙げられる。

騎手の枠別成績・トラック別成績・距離別成績といったデータは、いまや競馬データベースソフトのTARGETがあれば誰でも簡単に知ることができる。誰もが手に入る情報というものは、パリミチュエル方式の競馬においては価値がない。

パリミチュエル方式とは、賭け金を一度主催者（JRA）が受け取り、そこから運営費や国庫納付金などを差し引いて（控除して）、残ったお金を的中者に分配する方法のこと。つまり、的中者が不的中者のお金を奪い合う構図になっている。

パリミチュエル方式の場合、的中者が多ければ多いほど払戻金額が低くなるため、ほかの馬券購入者と同じ馬券を買っていても儲けることはできない。

例えば前走着順は、レース結果を予想するうえで有効なファクターになることに間違いはない。しかし、「儲ける」という観点で考えれば無効なファクターといえる。誰もがそこに注目しているからだ。

仮に多くのファンが期待値を考えて馬券を購入しているのであれば、前走上位着順馬の期待値が過剰

●パリミチュエル方式とは

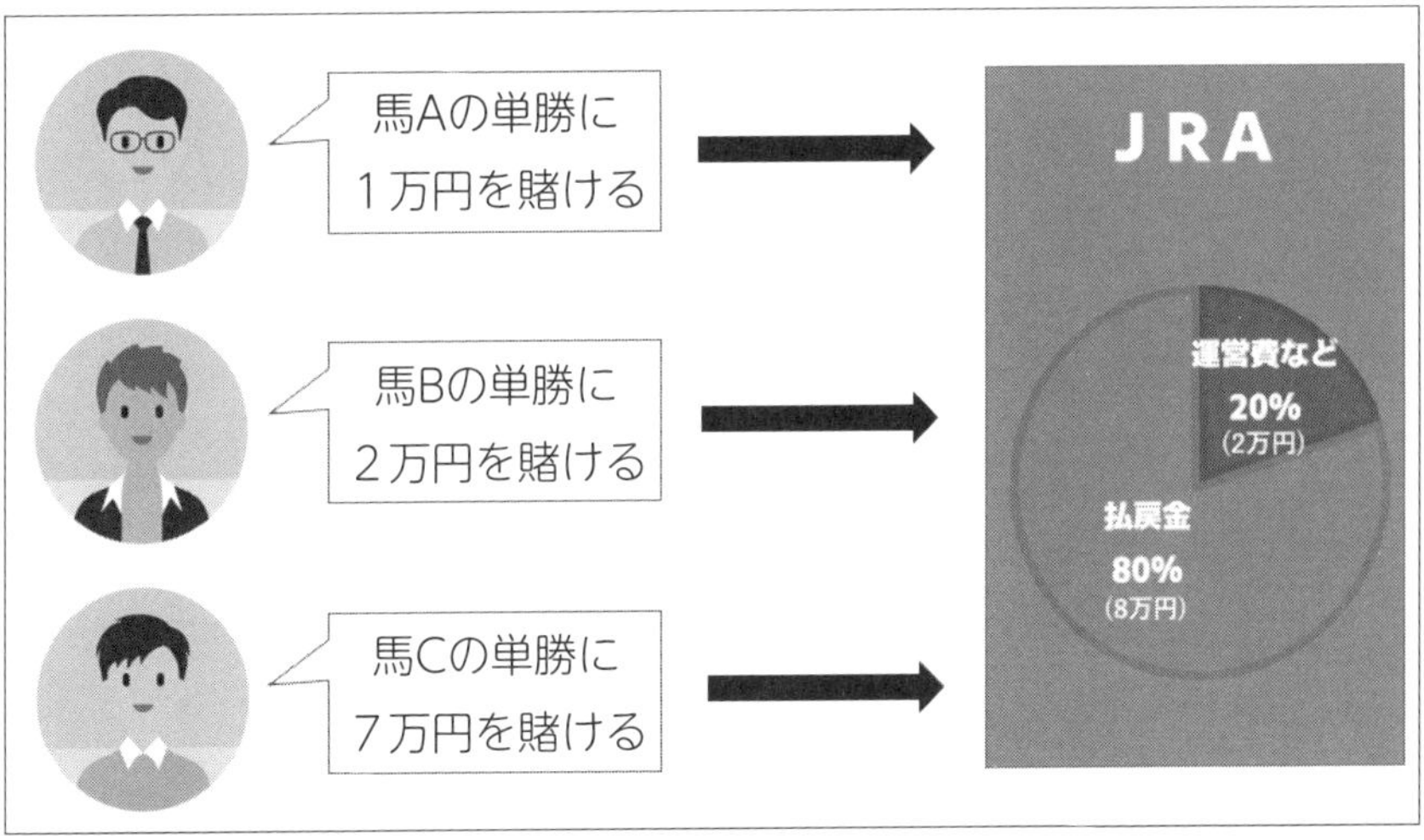

勝ち馬	投資金	オッズ	払戻金	利益
馬Aが買った場合	10,000 円	8.0 倍	80,000 円	70,000 円
馬Bが買った場合	20,000 円	4.0 倍	80,000 円	60,000 円
馬Cが買った場合	70,000 円	1.1 倍	77,000 円	7,000 円

オッズの計算は「払戻率÷支持率」、10 円未満は切り捨て

に低くなることはないが、みんなが前走着順の良い馬を買う傾向にあるので、前走上位着順馬の期待値は低下する状況になっている。

これが、「誰もが手に入る情報に価値がない」と断言できる理由だ。

それに対し、【ジョッキーVAR】では、**出遅れ率・コーナー内回し率・コーナー外回し率・包まれ率・直線前詰《つ》まり率**といった独自の指標を活用している。

もちろん、競馬データベースソフトを使って過去の成績やリーディング情報を調べただけのものではない。レース映像を独自に解析し、騎手の騎乗フォームから技術力を指数化（可視化）したものである。

騎手の成績は、騎乗した馬の能力なども関係するため、「騎手成績＝技術力」ということにはならない。しかしジョッキーVARは、現在の成績ではなく、騎乗フォームから技術力を数値化したものなので、**「若手騎手で技術力が高い場合は、今後の成績向上が見込める」**ということまでもがわかる。

つまり、未来の成績を予測するものになるのだ。

そして、未来を予測するという行為は、競馬予想そのものである。このあたりが、過去のレース成績を競馬データベースソフトで分析した後追い理論とは、一線を画す点ということができる。

そして、騎手の技術力の数値化に成功したことにより、減量騎手を中心とした若手のなかで買うべき騎手、リーディング順位は上ながらも積極的には買えない騎手、乗り替わりによるプラスマイナス、といった判断が容易になった。

若手からルメール騎手や川田騎手に乗り替わりとなれば、誰もがプラス要素とわかるため、そのままオッズに反映されてしまう。すなわち、妙味がない。

しかし、若手騎手同士での乗り替わりや、中堅騎手との乗り替わりはオッズにほとんど反映されない。
それゆえに、非常にオイシイ馬券にありつけることが多々あるのだ。

我々が騎乗フォームを論じることの意義

騎手経験があるわけでもない私が、騎手の騎乗フォームに関して言及するとなれば、「オマエに何がわかるんだ」とお叱りを受けるかもしれないが、私は騎手にクレームをつけたり、アドバイスをしたいわけではないし、ましてや日本競馬界の発展のために提言をしたいわけでもない。

ただ純粋に、馬券を当てたいだけである。自分自身の成績向上と、私のサロン（KawadaSalon）に入っていただいている会員の皆さん、そして読者の皆さんを勝ち組に導く——その一点だけに集中している。そして【ジョッキーVAR】は、馬券収支の向上に役立つものであると確信している。

大事なのは、私の評価（上手い、下手）が合っているかどうかではなく、馬券を当てているかどうかだ。実際に私は【ジョッキーVAR】を駆使して大きな利益を得ているので、誰からなんといわれようと、私の騎乗フォーム論は正しいと信じて疑っていない（ただし、それをアピールするつもりはない）。

競走馬がレースに出走するには、まずは馬を生産することから始まり、牧場での育成、厩舎での調教という過程を経る必要がある。さまざまな関係者の努力の末、レースに向かうことになるわけだが、結局のところ、最後の最後は騎手に委ねられる。

我々馬券購入者にとってもそれは同じで、時間をかけて分析し、予想をし、当たると確信して馬券を買っても、騎手が騎乗ミスをすれば投じたすべてのお金を失うことになる。

もちろん、競馬を予想する者として、騎手の失敗を言い訳にすることはできない。その騎手を選んだ自分に責任があるからだ。つまり、悔しい思いをしないためには、買える騎手とそうでない騎手を、自分の目で判断しなければならないということになる。

騎手本人だけではなく、競馬関係者や騎手ファンの皆さんは、素人の私に騎乗フォームを語られたら、決していい気持ちにはならないだろう。

しかし、こちらも大切なお金を投じている以上、遠慮しているわけにはいかない。だから、競馬という競技にとってきわめて重要な騎手の騎乗フォームについて、批判を承知で論じているのだ。

過剰人気となる騎手を買っても儲からない

馬券で年間収支を黒字にするには、「レース結果への影響度が高い」かつ「世の中に浸透していない」ファクターを活用することが大切である。そうすることで、期待値の高い馬を見抜くことが可能になるからだ。

このあたりは、前著『コーナーロス激走！馬券術』（秀和システム）にて詳しく解説し、コーナーロスというファクターはいずれの条件も満たすことを強調した。

では、騎手というファクターはどうか。

「馬が強ければ騎手は関係ない」

そう考える人も一定数存在すると思うが、そこまで能力の抜けた馬が出走するレースはそう多くない。だから、ハナ差やクビ差といった決着が頻発するのだ。

圧倒的な強さを誇る馬であれば、どの騎手が乗ってもある程度の結果は残せるかもしれないが、それでも2～3着の争いは繰り広げられる。そこでモノをいうのが、騎手の腕にほかならない。

騎手はレース結果への影響度が非常に高いファクターである。私は何年も前から毎週、全レースのVTRをチェックし続けており、その経験からも、騎手がレース結果に与える影響はとてつもなく大きいと確信している。

しかし、騎手が「世の中に浸透していない」ファクターかというと、答えは「否」である。完全に浸透しているし、騎手を最重視しているファンもいる。

つねにリーディング争いを演じているルメール騎手や川田騎手、短期免許で乗りに来るモレイラ騎手やムーア騎手が騎乗する馬はもれなく人気になる、という事実がそれを証明しているといえるだろう。

実際に、過剰人気となる騎手を買っても儲けることはできない。ルメール騎手も川田騎手も上手い。それは誰もが知っている。だからこそオッズに反映されてしまい、儲けることができないのだ。

騎手は「レース結果への影響度が高い」一方で、「世の中に浸透している」ファクターなのである。

騎手の「上手い・下手」を正しくジャッジする方法とは

それならばなぜ、今回私は騎手にフォーカスを当てたのか？

それは、騎手というファクターが世の中に浸透はしているものの、**競馬予想にしっかり活かせているファンがほぼ皆無**だと考えているからだ。

圧倒的多数のファンは、見た目のイメージや過去の成績をもとに騎手を論じている。

ルメール騎手と川田騎手はどちらが上手いのか。

今の武豊騎手はルメール騎手、川田騎手よりも下手なのか。

リーディング上位に名前のない騎手は全員下手なのか。

このあたりについて、具体的に指数化できていない。ざっくりと「上手い、普通、下手」と評価しているだけで、細かい差まではわかっていない。

例えば馬に関していえば、能力を高い精度で数値化することができるし、それを実際にやっているファンもいる。

有名なのがスピード指数やレーティングだ。走破タイムを、馬場・ペース・風・展開などを加味して補正していくことにより、競走馬の能力を数値で現すことができる。

一方で、騎手に関してはせいぜいリーディング情報をもとに判断する程度。リーディング上位になるほど上手い騎手が増える傾向にあることは間違いないが、騎手の成績は騎手の上手さを正確に現すものではないので、「リーディング順＝技術力順」にはならない。

掘り下げたとしても、コース・条件別に分類して騎手の得意・不得意を判別したり、回収率を分析してお買い得な騎手を探したりするくらいだろう。

しかし、これらの騎手の分析手法は非常に危険だと私は考えている。

まず、コース・条件別に分類して騎手の得意・不得意を判断する方法に関しては、母数が少なければ、たまたま偏りが生じただけという可能性が高くなる。明確な根拠があれば使えるものになるが、多くの場合は「ただデータとしてそうなっているだけ」のことだろう。その後、騎手が急激に成長した場合には対応のしようがない。

また、お買い得な騎手に関しても、判断が非常に難しく、上手い騎手なのに過小評価されているのか、それとも過小評価されている馬に多く乗ったから回収率が上がったのか（騎手起因か馬起因か）は、単純な回収率だけでは判断できない。

そして、リーディング情報をもとに判断するという手法の最大の難点は、つねに結果論ベースになるということ。多くの人が、リーディング順位が上がってきたのを見て、上手くなってきたと判断すると思うが、実際にはその逆で、騎手の技術が上がったあとにリーディング順位が上がるのだ。

勝率・回収率など既存のデータだけでは、競馬は勝てない

一般化されている情報源のなかに、騎手の技術を判断する指標がリーディング情報以外にないので、そこに注目している人は、つねに後追いで判断せざるを得なくなる。

例えば、次ページに挙げた川田騎手の年度別成績をご覧いただきたい。単勝の払戻率が80％であることから、年間回収率が80％を超えていれば優秀と判断することにしよう。

２０１５年から16年にかけては回収率が80％を超えているが、その後に回収率が69％、74％と落ち込

●川田将雅騎手の年度別成績

年	勝率	回収率
2015	15.5%	85%
2016	18.9%	82%
2017	15.4%	69%
2018	16.6%	74%
2019	26.0%	86%
2020	28.1%	85%
2021	28.5%	99%
2022	25.9%	76%
2023	30.5%	85%

む。仮に15～16年の成績を見て川田騎手の評価を高めた場合、17年は後悔することになる。

18年になっても回収率が80％を超えないので、川田騎手の評価を下げたら、今度は19年に勝率・回収率が大幅アップしてまた後悔。

さらに、21年には28・5％という非常に高い勝率を記録しながらも、回収率が99％ととんでもなく優秀な数値。これはいよいよ川田騎手の評価を上げなければならないと思ったら、22年には勝率が落ち込み、回収率は80％割れ。

そう都合よくはいかないかと思えば、23年は歴代最高勝率を記録し、回収率も80％を突破。またまた買わずに後悔。

というように、リーディング情報をもとに騎手を分析するのは、つねに悪手を引き続ける危険性があるのだ。

仮想通貨の世界では、ビットコインが変動するたびに、アナリストが●●が原因で上がった、▲▲が原因で下がったというふうに分析しているが、変動したあとに原因をつかんでも意味がない。

これから上がるのか下がるのか、未来を予測してそれを当てなければ儲からないからだ。

競馬予想もまったく同じで、未来を予測しなければならない。つまり、**リーディング順位が上昇する前に、上昇を予測しなければならない**ということである。

リーディング情報をもとに騎手を分析する手法のマイナス要素はまだまだある。デビューして間もない新人騎手や、日本になじみのない外国人騎手については、一定以上の母数が集まるまでは能力判断ができない。これもまた、「時すでに遅し」の状況を招きかねないことになる。

というよりそもそも、競馬データベースソフトなどを駆使して、前述したような分析をしているファンでさえほんのひと握りで、大半はきわめて主観的に騎手の上手さをジャッジしているはずである。

自分の買った馬券が当たれば「上手に乗った」、外れれば「下手に乗った」と判断したり、意表を突いた逃げでの勝利や、思い切ったイン突きでの勝利など、作戦がハマった場合に「その騎手は上手い」と評価を上げたりするファンも多いのではないか。

ほかの騎手と比較して、具体的に何がどの程度優れているのかを説明することはできないだろう。

騎手で変わるオッズとレース結果

そして、騎手がオッズに与える影響は甚大という点も見逃せない。

最近のわかりやすい例でいえば、２０２３年に行なわれたマイルＣＳ。藤岡康太騎手（故人）が騎乗して勝利したナミュールは、当初ムーア騎手が騎乗する予定だった。

ところが、レース当日の京都２Ｒでムーア騎手が落馬負傷したことで、藤岡康騎手への乗り替わりとなってしまった。京都２Ｒ発走時点におけるナミュールの単勝オッズは９・９倍。検査のため乗り替わりとなった３、４Ｒの時間帯から単勝オッズが10倍を超え、その後、乗り替わりが決定してからはみるみる人気を下げていった。

そして、最終的な確定オッズは17・3倍に。ムーア騎手と藤岡康騎手の能力比較はひとまず脇に置き、この一件を見れば、騎手がオッズに与える影響の大きさをハッキリと理解できるはずだ。

騎手がレース結果に与える影響は非常に大きい。

加えて、オッズに与える影響も大きい。

にもかかわらず、その騎手の上手い・下手を高精度で判断する指標がない。

私は「このギャップにこそ金脈がある」と思い、騎手の技術を数値化するという試みに取り組んだのだ。

かくいう私も、当初はリーディング情報をベースに分析を行なっていた。一般的に考えられるような分析はすべてやったつもりでいるし、特殊な手法としては乗っている馬の質（過去の走破時計や血統）と騎手成績を比較したり、「乗り替わり成績」と「乗り替わられ成績」を処理して騎手の上手さを導き出そうとしたりと、さまざまな手法を試みた。

正解に近づきかけたこともあったし、自身の馬券収支を向上させるのに役立った手法もあったが、シンプルに騎手の上手さを数値化できたかというと、そこまでには達しなかった。

前述の通り、この手法はどうしても後追いになってしまう。レース結果というのは馬の能力と騎手だけで決定されるものではなく、枠・展開・調子・馬場状態など無数にあるファクターが影響を与えるため、成績情報から騎手の能力だけをあぶり出すというのは非常に難しい。

また、馬券においては3着以内に入ってくれなければ意味がないが、騎手は3着以内だったから上手かった、4着以下だったから下手だったというように、明確に線引きをできるわけではない。単純な着度数データでは不十分なのだ。

騎手の上手さを数値化するという試みは、チャレンジしては挫折して、チャレンジしては挫折しての繰り返し。正直に申し上げると、騎手というファクターを活用しなくても年間収支を黒字にすることができていたので、挫折したまま放置していたこともある。

それでも、騎手の上手さを正確に数値化できればもっと儲けることができることは確信していたし、パリミチュエル方式で実施される日本の競馬では、ハードルが高いファクターほど儲かることもわかっていたので、諦めずにチャレンジを続けた。

そうしてたどり着いたのが、**騎手の騎乗フォームを解析して数値化する**という手法である。「たどり着いた」というよりは「原点回帰した」という意味合いのほうが強い。スポーツの世界ではフォームの重要性は説明するまでもなく、サッカーだろうが野球だろうが陸上だろうが水泳だろうが、あらゆるスポーツでフォームは大切だからだ。

競馬は全体で見ればギャンブルの側面が強いが、騎手だけにスポットライトを当てればスポーツの側面が重みを増す。

YoutubeのＪＲＡ公式チャンネルで公開されている「競馬学校の一日〜ＴＨＥ《ザ》 ＲＯＵＴＩＮＥ《ルーティン》〜」をご覧いただければわかるが、騎乗技術向上トレーニング・フィジカルトレーニング・食事管理と、やっていることは完全にアスリート。

それゆえに、騎手の世界でもフォームはとても重要で、分析を進めれば進めるほど、上手い騎手と下手な騎手の差が明確に数値として現れるようになってきた。（参考：https://www.youtube.com/watch?v=nLVrB69YoJU）

AIでもできないことをする——それが【ジョッキーVAR】！

騎乗フォームについて考えるようになったキッカケ自体はかなり昔で、2013年のジャパンCダート（現チャンピオンズC）である。

単勝1・9倍の断然人気だったホッコータルマエが3着に敗れたのだが、レースとしては持ったままの手応えで直線を迎えて、騎乗していた幸騎手が豪快なアクションで追い出すも、思ったよりも伸びずにルメール騎手騎乗のベルシャザールと武豊騎手騎乗のワンダーアキュートにあっさりと抜かれてしまった。

最低限で無駄のない動きで馬を追うルメール騎手・武豊騎手の馬が伸びていくのに対して、幸騎手が豪快に叱咤激励をしつつも失速していくホッコータルマエの姿が印象的であった。

また、幸騎手の動きとホッコータルマエの動きが一致しておらず、アンバランスな姿勢になっているように感じた（実際に、スローで幸騎手の追い動作を分析してみると、馬の伸縮のリズムとズレが生じている）。

以来、騎乗フォームによりいっそう注目するようになった。

あくまでこれは騎乗フォームについて考える取っ掛かりになったにすぎず、この時点ではまだ騎乗フォームを解析して数値化するという発想には至っていない。また、このレースを取り上げたことで、幸騎手がルメール騎手や武豊騎手に劣るといいたいわけでもない。

しかし結果的に、馬券術【ジョッキーVAR】誕生の要因のひとつになったことだけは間違いない。

昔から、騎乗フォームの良し悪しについては、多かれ少なかれ議論されてきた。

例えば、園田から移籍してきた当初の岩田康誠騎手が大活躍したときには、シッティングプッシュ（馬のリズムに合わせて尻餅をつくように腰を上下させる騎乗法。「トントン騎乗」と呼ばれることも）で馬が伸びると考える人が多かったと思うし、実際にシッティングプッシュを試そうとするＪＲＡの騎手も頻出した。

その後、短期免許で世界的に有名な騎手が来日するようになってからは、彼らの騎乗がベストと思う人も増えただろう。結局のところ、騎乗フォームの良し悪しについては満場一致の結論が出ていない。世の中に大きく浸透しているファクターでありながら、未開拓のままなのだ。

これまでの説明により、騎手の上手さを判断するうえで、騎乗フォームをチェックすることが理にかなった手法だということには、共感していただけるだろう。実際に騎手の騎乗フォームを解析し、実用化してからは、私自身の成績も想定していた通り大きく向上した。

唯一の欠点は（私自身の）手間が非常にかかるということで、競馬にすべての時間を捧げているからこそ実現できるといっても過言ではない。

繰り返すが、パリミチュエル方式で実施される日本の競馬では、ハードルが高いファクターを攻略するほど儲かる。一般的な競馬ファンでは到底できない分析を行なうことは、競馬においてはとてつもなく強力な武器になるのだ。

また、近年爆発的に流行《はや》りだしているＡＩを活用した競馬分析でも、騎乗フォームを数値化するというのは現在の技術では至難の業だろう。ＡＩができないことをできるという点もまた、現代競馬においいて大きな強みになる。

技術なくして戦術の成功はあり得ない

騎手の能力を構成する要素は「技術力」と「戦術力」に大別される。

技術力のなかには、**馬を追う・鞭を打つ・コーナリング**といった基本的な騎乗技術に加えて、**スタート・折り合い**など細かく分けることができる。戦術力も同様に、**ペース判断・ポジション・進路選択**などに分けることが可能だ。

とくに大切なのは「技術力」のほうだ。戦術力も時に重要にはなるが、それはあくまで技術力ありき。騎手に腕がなければ、その戦術力を完遂することはできない。加えて、戦術力は騎手だけで考えるものではなく、調教師から指示が出る場合もあれば、オーナーサイドから要望される場合もある。

この原稿を書く数週間前にこんなことがあった。２０２４年3月10日にアネモネSが行なわれたのだが、勝ち馬キャットファイトの鞍上・大野拓弥騎手は、他馬が直線で馬場の外に出すなか（馬場が荒れてきており、きれいな外に出したいと考える騎手が多かった）、唯一最内の進路を選択して見事勝利に導いた。

この騎乗を見て、「大野騎手の判断がハマった」と考えたファンは多いと思うが、レース後の上原博之調教師のコメントを見ると、そうともいいきれないことがわかる。

（上原博之調教師）

「得意な中山コースということもあり、1番枠でスタートも良かったです。馬場も乾いてきていて、10レースで乗っていた大野騎手に馬場コンディションを聞き、爪もベタ爪ではない馬なので、内へ行こうかということになりました。内へ行ってくれて良かったです。騎手が跨ると気が入るところは課題ですね」(※出典：netkeiba)

このように、調教師と話し合って戦略を練ることも決して少なくはない。とくに若手騎手などになってくると、調教師の意向に従わざるを得ないケースも多いだろう。

また、取り上げたキャットファイトの例は進路選択に成功したケースだが、外伸び馬場で内を選択して失敗することも多々ある。

自分が購入していた馬（騎手）が伸びない内を選択して負けた場合、「何やってんだよ！　下手くそ！」と叫びたくなるだろう。しかし、必ずしも戦略ミスとはいえない側面もある。

というのも、能力上位の馬に騎乗しているのであれば、多少のコーナーロスがあっても馬場がきれいな外を回しながら安全に勝ちにいくのが最善策だと考えられる一方で、能力の低い馬が能力上位の馬と同じことをやっても勝つことはできないからだ。

馬場が回復していることに賭けて、コーナーロスのない最内ぴったりを回るというのは、戦略としては間違っていない。結果的に外伸び馬場のままだったとしても、能力上位馬と同じように外を回していたら差を広げられるだけなのだから。

同様に、脚質に関しても能力的に劣る馬に騎乗しているのであれば、能力上位の馬と同じポジションにいても勝つことはできない。能力上位馬が逃げるなら、ほかの馬が競りかけてオーバーペースになるのを祈りつつ、後ろで控えて待つのも戦略のひとつだ。

結果的にスローペースになり、先行しなかったのが判断ミスになったとしても、能力上位の馬に競りかけられれば、つぶされて終わるのも事実である。

見逃せない！馬券を左右する「馬を追う技術」

このように、戦術力も重要であるのだが、技術力はそれに勝る。なかでも「馬を追う技術（鞭を打つは馬を追う動作に含まれる）」が最重要だと私は考えている。

なかには、倍率の高い入学試験を突破し、訓練を積んできた競馬学校の卒業生の基本的な騎乗技術に大きな差はなく、結局は馬の能力が重要と考える人もいるかもしれない。

しかし、私は騎手の騎乗技術には大きな差があると考えており、実際に騎乗フォーム解析をすれば数値として大きな差を示すことができる。みなさんが思っている以上に、騎手の騎乗技術には差があるということだ。

また、馬を追う技術以外にも、コーナリング技術もかなり重要なのだが、たいていの騎手は上手く乗りこなすことができる。新人騎手のデビュー週などはコーナーで大きく膨れるシーンがよく見られるものの、数カ月もすれば改善されるケースがほとんど。

一方で、馬を追う動作は、一定数の騎乗をこなしたあとでも、一律に改善されるわけではなく、騎手によって大きな差が生じることになる。

その他、スタート技術・折り合い技術も大切だが、スタートの巧拙に関しては未開拓のファクターではないし、調教師の手腕も問われてくる。折り合いに関しても同様だ。スタートと折り合いについては、馬の能力にも大きく依存するために、一概に「出遅れ率が高い＝騎手がスタート下手」という判断はできない。

その点、馬を追うということに関しては、いついかなるときでも有効な指標になってくれる。ハナ差で決着することも珍しくない競馬において、馬を追うという基本的な騎乗技術の差は非常に大きい。

騎乗馬の質、馬場の状況、展開などに関係なく、馬を追う技術が高いというのは騎手としてつねに大きなアドバンテージとなるし、その差を数値化して知っておくことは馬券収支の向上に役立つ。

なお、リーディング上位を目指すには、能力に加えて営業力も必要になる。営業力とは、勝てる馬を集める力であり、挨拶回りなど本人の営業努力も必要だろうし、騎乗依頼仲介者（エージェント）や所属厩舎などにも影響されるだろう。

営業力に関しては、騎手のリーディング順位に影響を与えるものであり、【ジョッキーＶＡＲ】の馬券戦略にはまったく関係がない。よって、無視して問題ない。

「ルメール騎手がこっちの馬を選んだから有力」といったようなとらえ方もあると思うが、私自身の予想工程でいえば、馬の能力分析は別の手法を用いているので、騎手の騎乗馬選択に判断を委ねる必要がない。

「追える・追えない」――これが真実だ！

ここからは、「追う技術」について詳しく迫っていきたい。

競馬ファンは、追える騎手・追えない騎手という言葉をよく口にする。一般的に、豪快なアクションで追っているのを見ると「この騎手は追えるな」と判断しがちだ。しかし、アクションの大きさは、追える・追えないにはまったく関係がない。

騎手が馬を追う技術を説明するのに先立ち、大前提として競走馬の走行フォームに関して解説していきたい。というのも、追うという動作は、競走馬の動きに合わせて行なうものであり、騎手が追ったら馬が進むというものではないからだ。

追う技術の上手さを説明するためには、競走馬の走行フォームについて理解する必要がある。

競走馬の走行フォームを簡易的に説明すると、①地面を蹴る→②脚（を含め身体全体）を屈曲させる→③脚（を含め身体全体）を伸展させる（→伸展して脚を降ろしながら地面を蹴る、の繰り返し）という動きになっている。

地面を蹴ったあと、パワーを溜《た》めて（屈曲）、一気に解き放つ（伸展）というイメージだ。人間に例えれば、平泳ぎに近いと考えている（左のイラスト参照）。

加えて、馬はつねに上下に動いている。地面を蹴るタイミングに最も重心が低くなり、屈曲するタイミングで重心が高くなり、伸展しながら下降し、また地面を蹴るという流れだ。

私自身、乗馬をやっていたのだが、大草原を快適に駆け巡るイメージでいたのに、いざ初めて馬に乗

●サラブレッドの走行フォーム

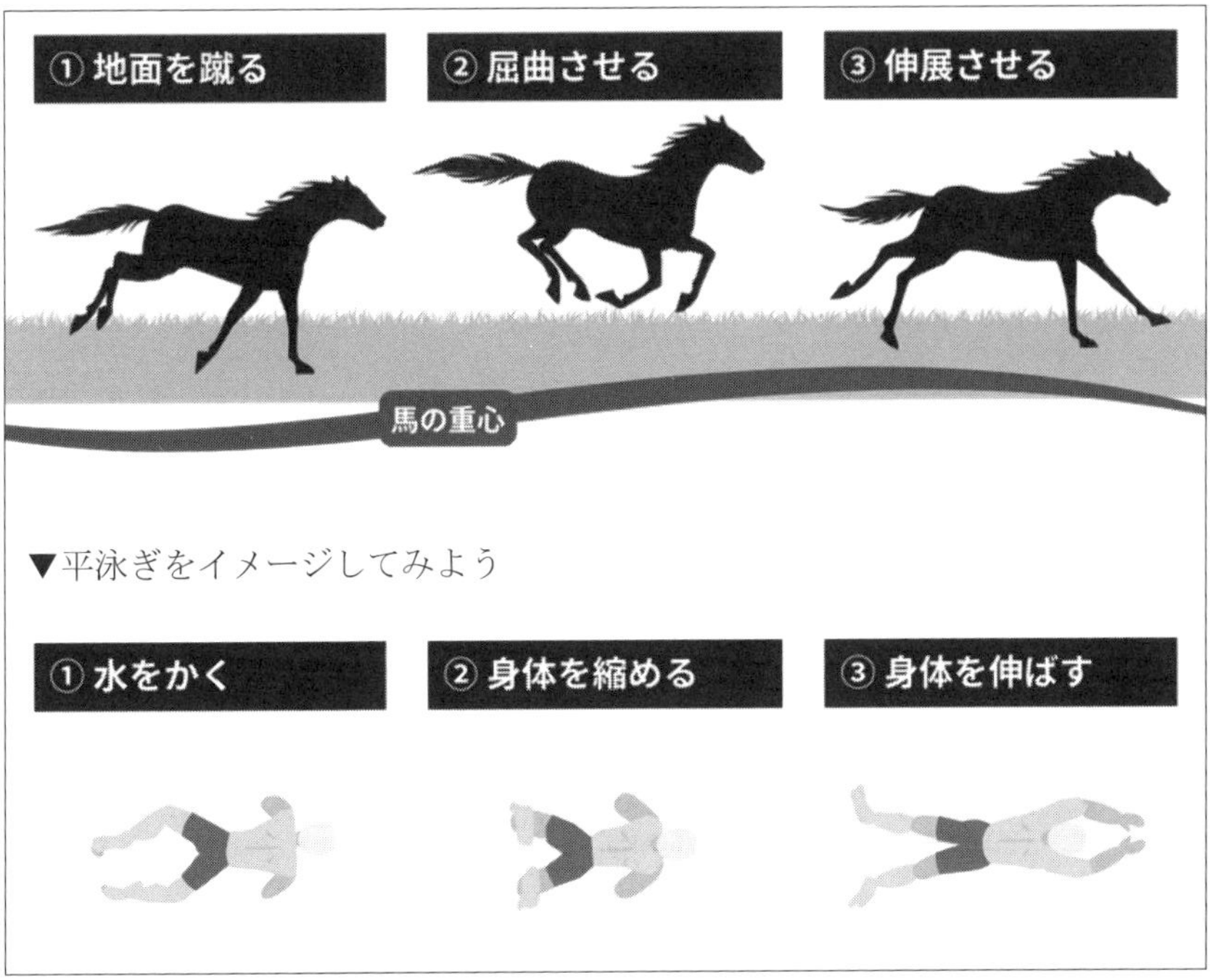

●「天神乗り」から「モンキー乗り」への進化

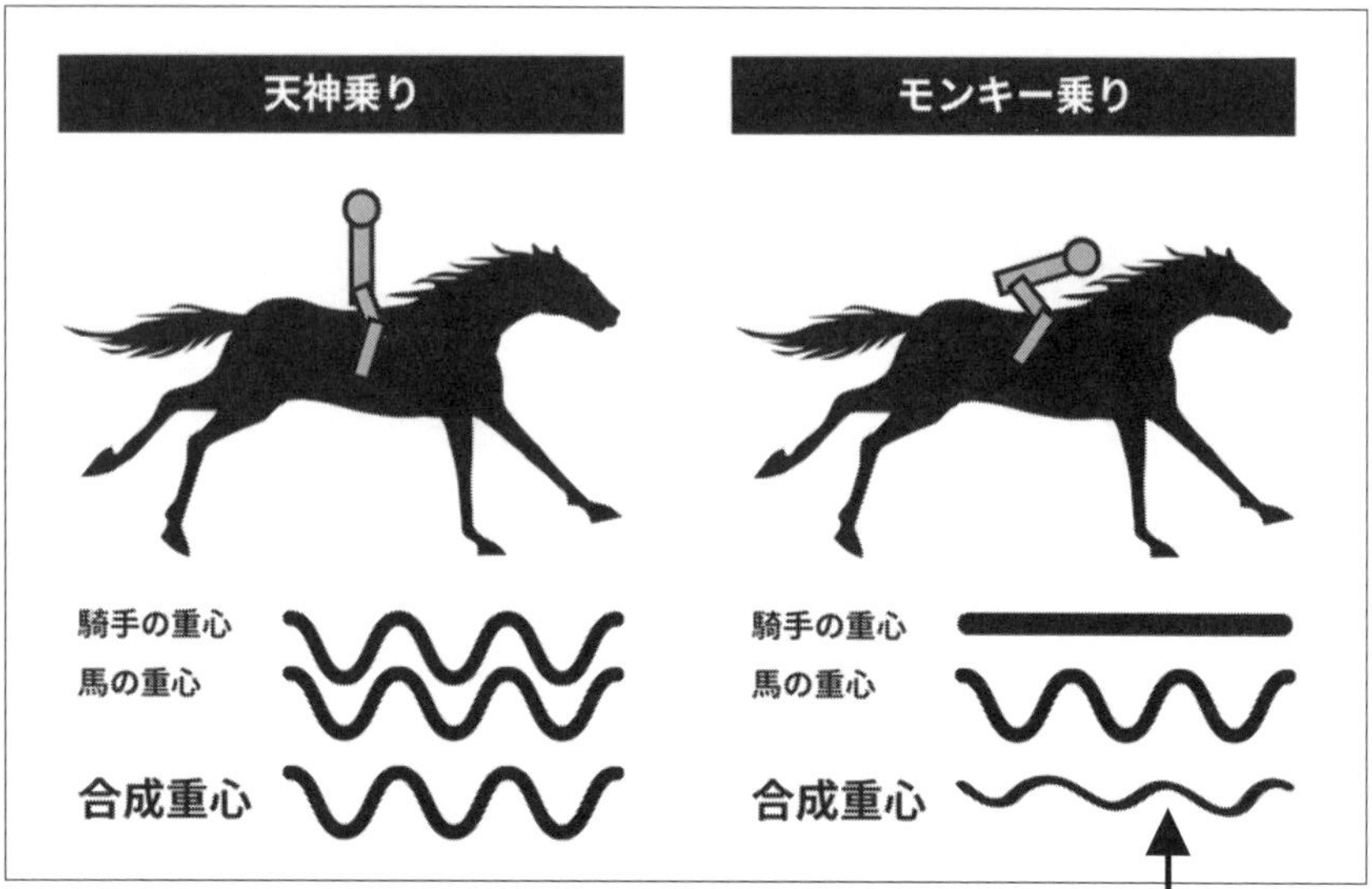

第 67 回　騎手のフォームと競走馬その走行速度　JRA競走馬総合研究所　高橋敏之
https://company.jra.jp/equinst/magazine/pdf/67-2019-1.pdf

重心の上下動（ブレ）が「天神乗り」よりも小さい

ってみると上下動が非常に大きく、想像とはまったく異なる乗り心地だったのをよく覚えている。

騎手は、競走馬の上下動に対して、逆の動きをしなければならない。競走馬と同じように騎手も上下動すると、馬の上下動の動きがより大きくなり、費やすエネルギーが増加し、早く疲れてしまうのだ。よって、馬が上に動いたときは膝を曲げて騎手自身は上がらないようにし、馬が下に動いたときは膝を伸ばして騎手自身は下がらないようにすることで、馬への負担を少なくしなければならない。

ＪＲＡ競走馬総合研究所が発表した「騎手のフォームと競走馬の走行速度」によると、１９００年ごろより前、馬の上下動に合わせて騎手も上下動する天神乗りを行なっていたころよりも、体を前に倒し、膝の曲げ伸ばしで一定の重心をキープするモンキー乗りが採用されてからは、レースタイムが５～７％速くなったという。

その理由としては、馬の重心に騎手の重心も合わせている天神乗りの場合は、馬と騎手の合成重心が大きくなるが、脚の曲げ伸ばしによって騎手の重心を一定に保つモンキー乗りの場合は、馬と騎手の合成重心が小さくなるため、馬への負担が少なくなるというものだった。

レジェンドの騎乗フォームをチェックすると……

仮にこの話が本当ならば、１００秒で決着するレースで６秒前後の影響を与えていることになり、クビ差・ハナ差で決着することも多い競馬において、騎手の乗り方は非常に大きな影響を与えていることがわかる。

２００２年に社台ファーム代表の吉田照哉氏が「デットーリが乗ると5馬身違う」という名言を残したのも、あながち間違いではないのかもしれない。

もちろん、現代の競馬で天神乗りをしている騎手はいないが、少なくとも騎手の重心が走破タイムに大きな影響を与えるということは、疑いようのない事実である。

23年末の有馬記念で、武豊騎手がドウデュースで勝利したのは記憶に新しい。その際にメディアでは「まるで静止画のようなフォームで差し切った」というように報じられた。

また、ジョッキーカメラが公開されるようになってから、武豊騎手の映像は揺れが少なくて見やすいと話題になっている。まるで動いていないように見えるのだが、実際には武豊騎手が馬の上下動に合わせて小刻みに動いているからこそ、映像上では静止画のように映っているのだ。それだけ彼は、重心を取るのが上手いということになる。

つまり、重心を取るのが上手いというのは、馬に合わせて馬と同じように上下動するのではなく、**馬とは逆に近いような動きで膝を曲げ伸ばしし、騎手自身の重心を一定に保ち＝ブレを少なくし、馬の負担を軽くしている**ということである。

子どもを肩車したことがある人ならわかると思うが、全体重をかけて座られたり、余計な動きをされたりすると、乗られている側の大人はとても疲れる。ほかにも、リュックサックで荷物を運ぶ際には重い荷物を上にしたほうが軽く感じるように、重心がどの位置にあるかは非常に重要なのだ。

しかも、競走馬は上下動をしているだけではなく、走るときは当然ながら前に進んでいる。それに対して騎手が後傾姿勢をとっていると、馬が走りづらくなるのは説明するまでもないだろう。

したがって、騎手は上下の重心のバランスを取りながら、前後の動きもコントロールしなければならないということだ。

なお、馬の上下動に合わせて騎手も上下動していれば、騎手は馬に身を委ねることができるので疲れづらく、逆に馬は騎手に委ねられて負担が増えるので疲れる。

同様に、前に進む馬に対して騎手は後傾姿勢のほうがバランスを保ちやすく疲れづらい。逆に馬はつねに後ろに引っ張られる形になるので疲れる。

一方で、馬の上下動と逆の動きで膝を曲げ伸ばしさせながら前傾姿勢を保つというのは、馬にとっては負担が少ないが、騎手の負担は非常に大きくなる。

それゆえに、騎手はフィジカルが大切になってくるのだ。

ここが馬を追う際のポイント！前傾姿勢と重心のブレ

実際に、次ページの騎手の身長・体重別データをご覧いただければわかる通り、身長が伸びるにつれて、そして体重が増えるにつれて、成績が向上している。

体脂肪も無関係ではないし、フィジカルの定義にもよるが、ボクシングなどの格闘技で階級が細かく設定されているように、体重が増えるにつれてパワーは増すことは明らか。人間よりも大きな馬を操作するうえで、身長が大きいほうが馬をコントロールしやすいということだろう。

補足までに斤量の仕組みについて解説しておくが、出馬表に「55」と表記されていれば、騎手は所定の馬具を含め55キロで騎乗しなければならない。そして、所定の馬具を含めて55キロに到達しない場合は、重量調整用のおもりを装着することになる。

ちなみに、騎手の体重は44キロ～56キロ前後まで、けっこうな幅がある。

例えば、48キロの騎手と52キロの騎手が同じ斤量の馬に騎乗する場合、48キロの騎手は約4キロの重りを装着することになる。一方で、52キロの騎手は4キロ分の筋肉を身にまとうことができるのだ。

併せて、左の騎手の年齢別データをご覧いただきたい。35～39歳をピークに成績が下降傾向なのは、フィジカルの衰えも大きく関係しているということだろう。

以上をまとめると、馬を追う技術というのは、**「①前傾姿勢を保つ」「②重心のブレ（合成重心）を小さくする」という2点を実行しながら、手綱を一杯に動かす動作**ということになる。

そこにアクションの大きい小さいは無関係。いかに前傾姿勢を保てているか、いかに重心のブレを小さくできているかが大切なのだ。

繰り返すが、そもそも天神乗りとモンキー乗りの違いは、「①前傾姿勢を保つ」「②重心のブレ（合成

●騎手の身長・体重別データ

身長	勝率	連対率	複勝率	総データ数
～ 154cm	5.2%	10.7%	16.7%	19161
155 ～ 159cm	6.5%	13.0%	19.6%	101317
160 ～ 164cm	7.7%	15.2%	22.5%	187369
165 ～ 169cm	6.9%	14.2%	21.6%	115787
170cm ～	9.0%	17.4%	25.4%	20086

体重	勝率	連対率	複勝率	総データ数
～ 46kg	5.5%	11.3%	17.4%	77899
47 ～ 49kg	6.0%	12.4%	19.0%	126080
50 ～ 52kg	7.8%	15.6%	23.3%	214699
53kg ～	12.3%	22.2%	31.2%	25042

いずれも2015年1月4日～2024年4月14日

重心）を小さくする」に集約される。当然、競馬学校で習う騎乗姿勢もモンキー乗り。それゆえに、競馬学校の卒業生は、基本的な騎乗技術に大きな差はないと考える人がいるのだが、騎手によって前傾姿勢度合と重心のブレ度合いはまったく異なる。

その違いを数値で現したものが馬券術【ジョッキーVAR】なのだ。

騎手から直接話を聞いたわけではないので想像にすぎないが、おそらく競馬学校では、いかに馬を速く走らせるかということにこだわったトレーニングは実施されていない。

例えばサッカーの場合、日本代表をワールドカップで優勝させたいというサッカー協会の目的があるため、若い年代から国を挙げて育成に力が入れられている。一方、競馬の場合はワールドオールスタージョッキーズのようなイベントはあるものの、そこで日本人騎手が勝つために育成年代から力を入れているわけではない。

だから、競馬学校で身につける技術力というのは、本当に最低限のものなのだろう。デビュー前の模擬レースやデビュー後の数週間の新人騎手の騎乗ぶりを見ていれば、それは一目瞭然だ。

トップスピードに加速するまではそれなりのモンキー乗りができているが、馬がトップスピードに入って本気の追い動作になると、前傾姿勢が保てているとはいい難いし、重心もブレブレである。

●騎手の年齢別データ

年齢	勝率	連対率	複勝率	総データ数
～19	4.9%	10.1%	15.6%	32382
20～24	5.5%	11.3%	17.4%	95120
25～29	6.3%	12.9%	19.6%	69067
30～34	7.9%	15.8%	23.6%	69045
35～39	9.1%	17.6%	25.6%	75681
40～44	8.4%	16.5%	24.6%	60458
45～49	7.3%	14.7%	22.5%	33824
50～	7.8%	15.7%	22.9%	14037

2015年1月4日～2024年4月14日

レジェンドたちと若手騎手の騎乗フォーム比較

そして、ここからが本題。持って生まれたセンスか、あるいは血のにじむような努力か、それとも優秀な師匠や先輩からの指導か、後ろ盾になるものは多岐にわたると思うが、実際のレースに乗るようになると、騎手ごとに上手い・下手の差がハッキリと現れるようになる。

新人騎手だけではなく、デビューしてから数年経った騎手同士でも、騎乗フォームは大きく異なる。実際に、武豊騎手・秋山稔樹騎手・古川奈穂騎手の騎乗フォームをイラスト化したのでご覧いただこう（左のイラスト参照）。

【ジョッキーＶＡＲ】では、競走馬の伸展時と屈曲時に分けて各騎手の騎乗フォームを記録・数値化している。競走馬の伸展時に、騎手は膝・肘を伸ばして、屈曲時に騎手は膝・肘を曲げることになる。競走馬の伸展時は、馬の重心が下降していくので騎手は膝を伸ばして重心を上げる。逆に競走馬の屈曲時は、馬の重心が上昇していくので膝を曲げて騎手は重心を落とす形になっている（馬の重心と逆の動きになる）。

この両極端な２つの局面を記録することで、前傾姿勢度合いと重心のブレ度合いを判別するのだ。

まずは、３名のうち武豊騎手の騎乗フォーム（①②）をご覧いただきたい。競走馬の伸展時のフォームを確認すると、身体全体の重心が前寄りになっていて、背中のラインが平行に近い。競走馬の屈曲時にも前傾重心を保ったままで、伸展時ほどではないが平行に近い形になっている。

●3騎手の騎乗を【ジョッキーVAR】的視点でイラスト化

武豊騎手

①伸展時

②屈曲時

古川奈穂騎手

③伸展時

④屈曲時

秋山稔樹騎手

⑤伸展時

⑥屈曲時

●「5馬身違う」騎乗フォームはコレ！

デットーリ騎手

⑦伸展時

⑧屈曲時

これが秋山稔樹騎手（⑤⑥）の場合だと、競走馬の屈曲時と伸展時で背中のラインが大きく異なっていることがわかる。

続いて古川奈穂騎手（③④）の場合は、競走馬の屈曲時と伸展時で背中のラインが大きく異なってはいないものの、そもそもの基本姿勢が武豊騎手とはまったく違って後ろ寄りになっている。

この3人の騎手の騎乗フォームを比較すると、微々たる差程度ではなく、前傾姿勢度合いと重心のブレ度合いには大きな差があることをご理解いただけるだろう。同じ競馬学校の卒業生でも、馬を追う技術にはものすごく大きな差が生じているのだ。

なお、騎乗フォームを記録・数値化しているタイミングは、競走馬がトップスピードに近いかつ、騎手が本気で追っているときに限定している。競走馬の前への推進力が強く上下運動が大きくなっているときにこそ、騎手の前傾姿勢度合いと重心のブレ度合いが問われるからだ。

また、トップスピードに近いかつ、本気で追っているときに前傾姿勢を保ちつつ重心のブレ度合いが少ない――これをやってのけている騎手は、道中の騎乗フォームも例外なく美しい。

逆に、そのときに前傾姿勢を保てずに重心のブレが大きい騎手は、道中から後傾寄りのバランスになっていることも少なくない。

よく使われる「脚を溜《た》める」という表現は、道中に馬のスピードを落として最後の直線で加速するということではなく、真の意味は、**道中から前傾姿勢を保ち、重心のブレ度合いを極力抑えることで、競走馬のエネルギー消費を最小限にするこ**とにある。それが、最後の直線での伸びにつながるのだ。

道中からゴールまでずっと馬への負担が大きい騎手と、負担を最小限に留めアシストしてあげられる騎手とでは、「5馬身違う」とまではいかなくても、結果に大きな影響を与えることは容易に想像できるだろう。

ちなみに、吉田照哉氏に「5馬身違う」といわしめたデットーリ騎手の騎乗フォームもイラスト化してみた（右のイラスト参照）。

競走馬の伸展時・屈曲時ともに非常にきれいな

2019年秋の来日で6勝を挙げたデットーリ騎手。これは11月24日、未勝利戦で①セイウンパワフル（左）に跨り、ゴール前で差し切ったもの。屈曲時にイラストのような前傾姿勢と重心で馬を追っているのがわかる。

前傾姿勢を保っており、重心のブレもほとんどなく、見事な騎乗フォームである。

とくに、屈曲時に身体全体が前にいっているのが特徴的で、これを見ていると「馬がどんどん伸びるだろうな」と思えてくる。もちろん「5馬身違う」の真意は、最後の直線だけでなく道中のレース運びも含めたものだと思うが、最後の直線での騎乗フォームを見るだけでも、デットーリ騎手のすごさが十分に伝わってくる。

まさに理想的といえる、素晴らしい騎乗フォームだ。

フォームの数値化〜基準ラインと背中ラインで角度を測定

ここからは、【ジョッキーVAR】の具体的な数値の計測方法をお伝えしていきたい。

私はまず、騎手の首の付け根から腰に向けての線＝背中ラインを引き、基準ラインとの接角を記録している。前傾姿勢でしっかりと馬を追うことができている騎手は背中ラインが水平に近づき、逆に後傾で馬の負担になっている騎手は身体全体が起き上がり気味で、背中ラインは垂直に近づいていく。

参考までに、先に紹介した武豊騎手と古川奈穂騎手の騎乗フォームを再現したイラストに線を引いてみると、両騎手で接角はまったく異なる数値になることがわかる。

武豊騎手が伸展時に約11度、屈曲時に約12度なのに対し、古川奈穂騎手は伸展時に約21度、屈曲時は約28度となっている（左のイラスト）。同じ競馬学校を卒業した騎手同士でも、ここまで大きな差が生じることをご理解いただけるだろう。

●フォームの前傾角度の測定

武豊騎手

古川奈穂騎手

腰のあたりの水平線が「基準ライン」、背の斜線が「背中ライン」。
もちろん、前傾角度の小さいほうが優秀なフォームだ。

【ジョッキーＶＡＲ】では、競走馬の伸展時と屈曲時において、背中ラインと基準ラインの接角が小さいほど前傾姿勢度合いが高い（前傾姿勢を保てている）、伸展時と屈曲時の接角の差が小さいほど重心のブレ度合いが小さい、と判断している。

実際に、国内外問わず、一流騎手ほど背中ラインと基準ラインの接角が小さく、伸展時と屈曲時の接角の差が小さい。

なお、基準ラインに関してはイラストのように真横からの画像を解析できた場合は完全に水平になるが、必ずしもそうなるとは限らないので、画角に応じて基準ラインの引き方は調整している。

騎手ごとの前傾姿勢度合いと重心のブレ度合いの値を測定するタイミングは、競走馬がトップスピードに近いかつ、騎手が本気で追っているときに限定してしる。もちろん、毎回１ミリも狂わずに同じフォームで騎乗することは不可能なので、採用している数値は緻密に記録している直近データを重視した平均値である。

ある程度の数をこなしている騎手であれば、レースによって数値が大きく異なることはない。競走馬は１頭１頭、大きさや脚の長さが違って重心が異なるため、各馬の重心に応じて膝の曲げ伸ばしで自身の重心をコントロールし、合成重心を小さくしていく必要があるわけだが、一流騎手になるほど計測される数値は安定する。

例えばルメール騎手は、どんな馬に乗ってもいつも通りの姿勢で追うことができている。あれだけ素晴らしい成績を残せるのも納得というものだ。

鞭を振るうとバランスを崩す騎手もいる

これまでの説明で、前傾度合いとブレ度合いの重要性はご理解いただけたと思うが、ほかにも考慮しなければならない要素がある。それは〝鞭《むち》〟だ。

鞭の打ち方は騎乗フォームと同様に、騎手によって大きな差が生じる。直線で全力で追っている際に鞭を打つときの動作を想像していただきたいのだが、片方の手では追い動作を続けながら、もう片方の手で鞭を打つというのは非常に難しい。

「そんなこといっても、どの騎手もちゃんとできているではないか」

そう思われるかもしれない。

しかし、騎手によっては鞭を打つ際にバランスを崩して後傾重心になったり、重心のブレが大きくなったりと、馬に負担をかける鞭の打ち方になっている。馬券で勝つために、その差に着目する必要がある。【ジョッキーＶＡＲ】で前傾度合いとブレ度合いを計測する際は、なるべく鞭を打っていないときに限定している。というのも、鞭を打つ際にバランスを崩す騎手が多いため、計測数値にバラつきが生じるうえ、騎手によっては鞭を打つのが苦手なことを自覚しているためか、直線でほとんど鞭を打たないタイプの騎手もいるからだ。

鞭を打たずに理想的なフォームで追えている騎手と、鞭を打ちながらも理想的なフォームで追えている騎手を同列に扱うわけにはいかない。よって、騎乗フォームと鞭は分けて取り扱っている。

幼少期に運動神経を良くするために、手を広げたときに足を閉じ、手を閉じたときに足を広げるというように、手と足で違う動きをするトレーニング（＝コーディネーショントレーニング）を経験したことのある方ならわかると思う。

文字にするのは簡単だが、いざ実践するとものすごく難しく、誰もがすぐにできるものではない。騎手の場合、足のほうは馬の上下動に対応して膝を曲げ伸ばしながら、左手と右手で異なる動きをする。さらに、それを全力で走る馬の上でバランスを保ちながら実行するわけなので、非常に優れた運動神経が必要になる。

当然ながら、個々の運動神経やセンスは異なるので、鞭を打つ技術に関しては騎手によって大きな差が生じる。実際に、騎手の鞭の打ち方を左のイラストで再現したので確認していただきたい。

①は武豊騎手が鞭を打つ際の姿勢をイラスト化したもの。追い動作を続けながら、前傾姿勢のまま鞭を打てていることがわかる。武豊騎手は馬の伸展と屈曲の動きに合わせて前後に鞭を打つ（＝手を前に振り上げて、後ろに向けて鞭を打つことが多い）。そして、ルメール騎手も同じような鞭の打ち方をする。

それに対し、②は菊沢一樹騎手が鞭を打つ際の姿勢をイラスト化したもの。鞭を前後ではなく、横に振り上げて打っていることがわかるだろう。みなさんも実際にやってみれば理解できると思うが、手を前に大きく振り上げるぶんには姿勢は崩れないのだが、横に大きく振り上げると、その動きに合わせて身体が横に開いてしまう。

さらに、横に開いた状態でバランスを保とうすると上体を起こしてしまうので（前傾姿勢の状態で身体が横に傾くと落馬する）、イラストのように一時的に馬の上に座っている格好になる。これは間違いなく、馬にとって大きな負担になるだろう。

最後の③は、短期免許で来日したレイチェル・キング騎手が鞭を打つ際の姿勢をイラスト化したものだ。キング騎手は女性ながらも非常にパワフルで多彩な鞭を打つことができる（といってしまうと差別になるかもしれないが、女性騎手は筋力で男性に劣るぶん、パワフルに鞭を打てる騎手が少ないのは事実だ）。

菊沢騎手と同様に大きく手を振り上げるタイプの鞭も打つのだが、その際になるべく後傾重心にならないように腰を浮かしたり、体を開きながら高く振り上げたりするのではなく、手首の返しをうまく使

●各騎手の鞭の打ち方例

①武豊騎手

②菊沢一樹騎手

③R. キング騎手

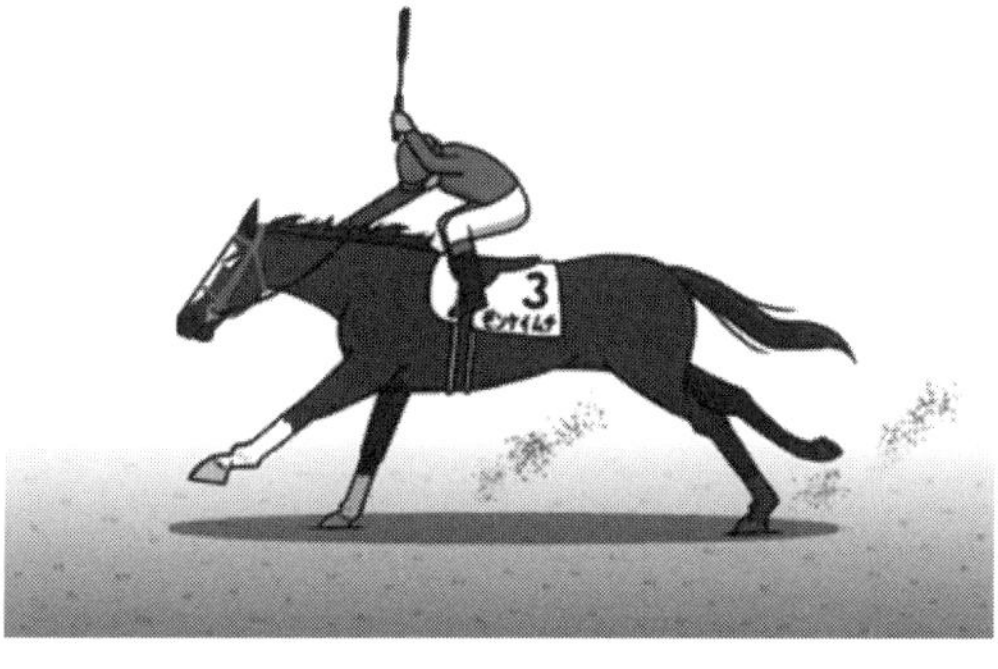

いながら振り上げている。

このように、鞭と騎乗フォームは切っても切り離せない関係であり、前傾度合いとブレ度合いを重要視している【ジョッキーVAR】においては、当然ながら鞭も大切なファクターになってくるのだ。

鞭を打つ際に必ずチェックする3つのファクター

【ジョッキーVAR】でチェックしていくのは、**鞭を打つ「技術」と「頻度」**である。鞭を打つ技術として、おもに**「騎乗フォームの維持」「種類」「持ち替え」**の3点に注目している。

まずは騎乗フォームの維持で、鞭を打つ際に前傾姿勢を保てているか、姿勢にブレが生じていないかを確認する。

続いて鞭の種類に関しては、ひたすら同じ動作で鞭を打つ騎手もいれば、馬の状態によって鞭を当てる場所などを調整している騎手もいるので、そこをチェックしている。

そして最後に確認するのが、鞭の持ち替えの速さ。パトロールビデオをご覧になればわかるのだが、馬は直線で綺麗にまっすぐ走っているかといえば、まったくそんなことはなく、左や右に逸《そ》れながら走っている馬ばかり。その際に鞭の持ち替えが速くてスムーズな騎手は、すぐに馬の動きを修正して真っすぐ走らせるように促すことができる。

鞭を上手に持ち替えられない騎手は、そのまま鞭を連打して大きく斜行して他馬に迷惑を掛けることもある。もちろん、真っすぐに走ったほうが最短距離でゴールにたどり着けるので、鞭の持ち替え技術というのは非常に重要なファクターとなる。

以上の3つの項目を総合的に判断し、S・A・B・Cの4段階で評価している。

加えて、技術だけでなく鞭を打つ「頻度」もチェックしている。これを評価する理由は、鞭を打たずに理想的なフォームで追えている騎手と、鞭を打ちながらも理想的なフォームで追えている騎手を区別するためである。こちらはシンプルに、「多い」「普通」「少ない」の3段階で評価している

シッティングプッシュと通常追い

ここまではモンキー乗りにおける騎乗フォームについて説明してきたが、馬のリズムに合わせて尻餅をつくように腰を上下させる「シッティングプッシュ」と呼ばれる騎乗法についても言及しなければならない。

私が知らないだけかもしれないが、世界の競馬でシッティングプッシャーは見当たらないので、おそらく日本発祥の乗り方で、なかでも地方競馬で始まった騎乗法と認識している。中央競馬では、シッティングプッシャーの岩田康誠騎手が園田競馬から移籍してきて大活躍をしたことを受け、広まったと考えている。

実際に、岩田康騎手が活躍していた時代の新人にシッティングプッシャーが多く、外国人騎手が活躍する現在の若手を見ると、シッティングプッシャーが減ってきているように感じる。

昔からシッティングプッシュの是非については一部で議論されているが、シッティングプッシュだか

ら馬が伸びるというわけではないので、通常追いだろうがシッティングプッシュだろうが、馬に負担を掛けないようにできるだけ前傾姿勢でブレを小さくするというのが絶対的な大原則となる。

また、日本人では現在トップの成績を収めている川田騎手がシッティングプッシャーだが、全体の傾向としては通常追いの騎手のほうが圧倒的に成績は良く、世界的な名手たちも通常のモンキー乗りに徹していることからも、シッティングプッシュでしっかりと馬を伸びさせるのは簡単ではないということだろう。

繰り返すが、通常追いだろうがシッティングプッシュだろうが、前傾姿勢とブレの少なさが重要であることに変わりはない。しかし、シッティングプッシュは馬上での動作が大きいため、通常追いよりも後傾姿勢になりやすく、ブレも大きくなりやすい。

よって、【ジョッキーＶＡＲ】では通常追い（モンキー乗り）とシッティングプッシュは分けて扱って、騎乗フォームの数値をそれぞれ記録している。シッティングプッシュで一括りされることが多いが、左のイラストにあるように同じシッティングプッシャーでも前傾度合いは大きく異なる。

①のイラストは、代表的なシッティングプッシャーでもある岩田康騎手のフォーム。競走馬の伸展時には膝を伸ばして前傾重心にもっていき、屈曲時に尻餅をつく際にもなるべく前傾になるように、身体全体の重心を前に持っていっていることがわかる。

一方で②のイラストは、関東の中堅・黛弘人騎手のフォームである。一目瞭然、岩田騎手よりも全体的に後傾重心になっていることがわかるだろう。同じシッティングプッシュでも、このように重心が大きく異なるのだ。

●シッティングプッシュの場合の上下動のブレ

①伸展時　**岩田康誠**騎手　②屈曲時

①伸展時　**黛弘人**騎手　②屈曲時

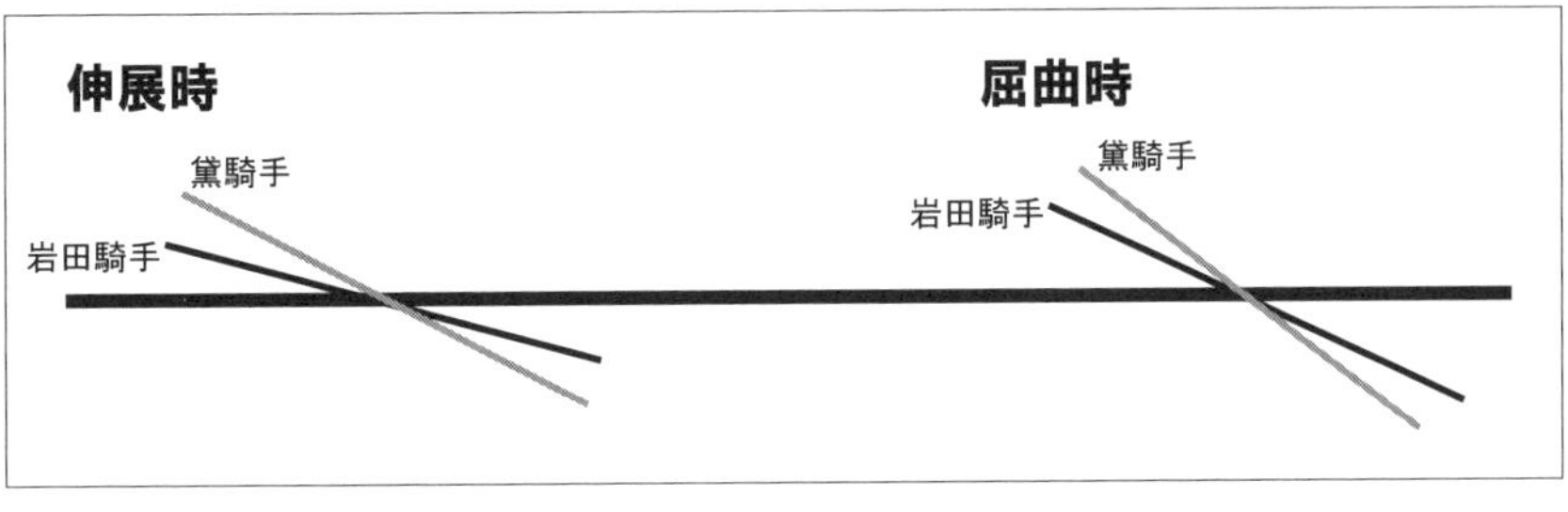

馬の負担になる「逆シッティングプッシュ」現象

もう1点、シッティングプッシュを評価する際にチェックしなければならないのが、私が「逆シッティングプッシュ」と呼んでいる、競走馬の伸展時に尻餅をつく状態である（左上のイラスト）。

前述の通り、天神乗りからモンキー乗りに騎乗フォームを変えたことで走破時計が速くなったわけだが、伸展時に尻餅をついているというのは天神乗りと同じように、競走馬の重心が下に向かっているときに、騎手の重心も下になってしまっていることになる。

よって私は、競走馬の重心が下がるときに騎手は膝を伸ばして腰を浮かすことで合成重心のブレを小さくする必要があるため、逆シッティングプッシュの動きは競走馬にとって負担になると考えている。

基本的に、シッティングプッシュの動きと馬の上下動の動きは完全に一致しないので、追っているうちにどの騎手でも逆シッティングプッシュの状態になってしまうことはある。

しかし、騎手によっては追っているうちに馬とのリズムがまったく合わなくなり、逆シッティングプッシュばかりになっていることもある。そういった騎手はブレ度合いが大きいとしてマイナスに評価している。

【ジョッキーVAR】では、通常追いvsシッティングプッシュという構図で考えるのではなく、シッティングプッシュのなかでの上手い下手を精査することを徹底している。

また、騎手によっては通常追いとシッティングプッシュを併用していることもあるので、そのタイプの騎手は両方の値を別々に計測している。

●逆シッティングプッシュ

①伸展時

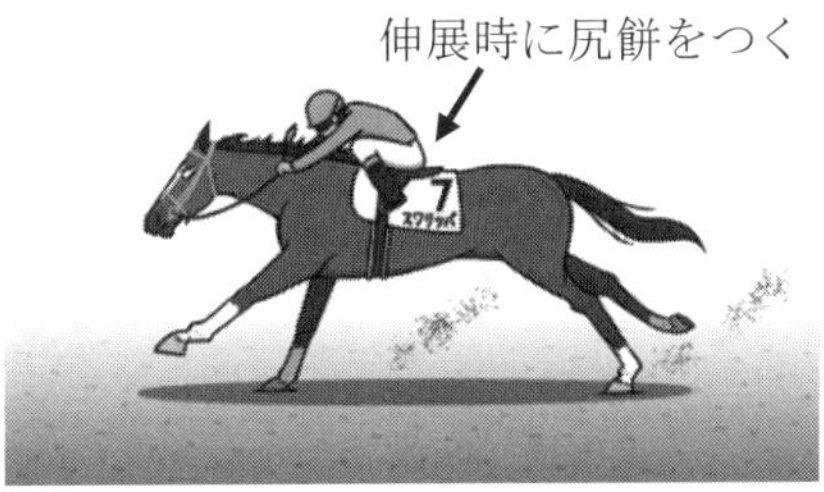

②屈曲時

ジョッキーたちの貴重な証言

馬の負担にならないようなフォームで騎乗すれば、より高いパフォーマンスを引き出せる――このロジック自体は理解している騎手は多いだろうが、騎乗フォームを修正するのは容易ではない。

実際に、netkeibaの藤岡佑介騎手のコラム「with佑」にて、引退した秋山真一郎元騎手との対談で次のように述べられていた。

――同じジョッキーである佑介さんから見た、秋山さんならではの美しさとは？

佑介　背中のラインですね。背中のラインを一直線にして、フラットな状態で乗るってマジで難しいんですよ。

https://news.netkeiba.com/?pid=column_view&cid=54416

このように、「こういうふうに乗りたい」と思っても、すぐに修正・実践できるほど簡単なものではないそうなのだ。

また同コラムでは、秋山真一郎騎手が下記のように述べていた。

佑介　迷ったことはありますか？　たとえば、お尻をついてみようかな、みたいな。
秋山　やってみようと思ったことはある。実際、後ろのほうを走っているときにやってみたこともあったけど、「これ、俺がやったら落ちるんちゃうか」と思った（笑）。ただ単に真似をしたところで、バランスを崩して落馬するリスクが高まるだけだからね。すぐに「やめとこ」となった（笑）。

https://news.netkeiba.com/?pid=column_view&cid=54378&rf=latter

この対談で興味深いのは、秋山元騎手の「後ろのほうを走っているときにやってみたこともあった」という部分。これは、上位争いをしている馬に乗っているときは、新たな騎乗フォームを試していないことを意味する。当然、うまくいく保証もない新たなフォームの練習を、実戦でやっていいわけがない。
ほかにも、最近引退した大庭和弥元騎手は次のように述べていた。

「レースに対して向上心はあったが、やろうとする乗り方ができなくなっていました。経験値はたまっても、技術的に直したい課題ができなくなることが増えていた。随伴（馬の飛越に合わせて体を移動）する時の姿勢を直したかった。馬に負担をかけない随伴を1年ぐらいかけてやってきた。一番最後のレースでできたんですけど…」

https://news.yahoo.co.jp/articles/07a43511e4e8a2a6e0f3aaab0756739e2b458e47

障害レースでの話ではあるが、騎乗時の姿勢を直すのは本当に難しいということを語っている。これに関しては、私自身も実感している。

なぜなら、騎手（新人騎手を除く）の騎乗フォームを計測していくと、年間を通してほとんど変化がないからだ。だから、【ジョッキーＶＡＲ】で公開している数値の賞味期限は、それなりに長いと考えていただいて構わない。

リーディング下位の騎手も「本気追い」で測定可能

騎乗フォームを記録・数値化しているタイミングは、競走馬がトップスピードに近いかつ、騎手が本気で追っているときに限定しているという話はすでにお伝えしたが、上位争いに加われない馬は騎手が本気追いするケースは少ないし、何よりもレースＶＴＲに映っていないので計測ができない。

それゆえに、上位争いをすることが少ないリーディング中位～下位の騎手は、計測できる機会があまりなく、正確にジャッジできないのではないか？

もしかしたら、そのように考えている方もいらっしゃるかもしれない。

しかし、まったくの逆である。

一流騎手は、直線を向いたときの手応えや周りの馬の気配で、ある程度勝てる確率を察知できるので、勝てると思えばすぐに本気追いをやめてしまうし、これ以上追っても勝てないかつ、後ろの馬からも抜かれないと思えば、その時点で手綱を緩めてしまう。騎手や陣営は好時計を出したいわけではないので、着順が見えた時点で追うのをやめるのだ。

それは、本気で追ったところで結果が変わるわけではなく、馬の負担が増えて疲労が蓄積するだけで、なんの意味もないからにほかならない。ゆえに一流騎手は、本気追いをしているタイミングが非常に短いのだ。

逆に、上位争いをそれほど経験していない騎手は、手綱を緩めてよいタイミングがわからないので、着差がかなり開いていても本気追いを続けているケースが多い。焦りに焦ってフォームがバラバラになっていることもしばしばだ。

したがって、中位〜下位の騎手が5着以内くらいまでに来てくれれば、本気追いの騎乗フォームをじっくり計測できる。

だから、「まったく問題なし」と考えていただきたい。

理想の騎乗と、そのエッセンスを総括する

さて、ここまで騎手の技術力の根幹を担う騎乗フォームについて解説してきたが、改めて、私が考える理想の騎乗について示させていただこう。

簡潔にまとめると、次のようになる。

1：スタートを決める

2：道中はしっかりと折り合い、馬に負担を掛けないフォームで脚を溜める

3：コーナーでは距離ロスを最小限に抑え、不利を受けることなく誘導する
4：ゴールに向けて最適なタイミングで仕掛け、全力で馬を真っすぐに追う

とくに目新しいことはない。この理想の騎乗ができる率の高い騎手こそが、能力の高い騎手――そう考えている。多くの競馬ファンも、同じような認識を持っているのではないだろうか。

理想の騎乗に関して、騎手の能力が問われる指標を細かく分解すると、次のようになる。

①スタートを決める
②折り合う
③馬に負担を掛けないフォームで騎乗する
④コーナーロスを抑える
⑤不利を受けない
⑥最適なタイミングで仕掛ける
⑦全力で馬を追う
⑧真っすぐに馬を追う

このうち③と⑦に関しては、騎手の技術力が問われる指標で、ここまで説明してきた通り。騎乗フォームは騎手の技術力を判断するうえで最も大切な指標となる。

同様に、騎手の技術力を判断する指標として挙げられるのが、①、②、⑧の３つ。これらは、馬のクセに影響を受ける部分も大きいため、騎乗フォームほど重要ではないものの、騎手として技術力が問われる指標に含まれる。

残りの④、⑤、⑥に関しては、馬を操縦するという技術力のベースがありきだが、騎乗フォームに関連する技術と異なり、競馬学校である程度は習得できるもの。技術力というよりは知力や判断力が問われる指標で、【ジョッキーＶＡＲ】では「騎手の戦術力」と定義している。

したがって、私が考える能力が高い騎手というのは、①〜⑧の技術力＋戦術力に長けた騎手ということになる（あくまでも最も重要なのは技術力。とくに騎乗フォーム）。

騎乗フォームを可視化する方法はすでに説明した通り、競走馬の伸展時と屈曲時の騎乗フォームから値を導き出している。ここからは残りの部分（＝①②④⑤⑥⑧）の可視化方法について説明していきたい。

スタート、折り合い……〝JRA非公式データ〟を活用して可視化

①スタートを決める、②折り合う、④コーナーロスを抑える、⑤不利を受けない、⑥最適なタイミングで仕掛ける、⑧真っすぐに馬を追う——これらはＪＲＡの公式データからは判断することができない。

よって、レースＶＴＲを見て独自に蓄積していく必要がある。ＪＲＡ公式データを通して得られるデータは誰もが手に入る情報で、パリミチュエル方式の競馬においてはハッキリいって無価値。手間は掛かるが、レースＶＴＲを見なければわからないＪＲＡ非公式データにこそ、大きな価値がある。

①②④⑤⑥⑧を判断するために蓄積しているデータは、次の通りである。

〈①スタートを決める〉

●出遅れ率（スタートで遅れる確率）

競馬において取りたいポジションを取るというのは非常に重要なことである。そもそも、先行有利になりやすい競馬において、出遅れは大きな弱点となる。

仮にダートで砂を被るのが苦手な馬であれば、外めの進路を選択したいところだが、スタートが悪ければ内に押し込められてしまい、砂を被る羽目に陥りやすい……というように、ポジション面以外にも影響を及ぼす。

「開幕週なので内目を回したい」「引っ掛かる馬なので先行馬の後ろに入れたい」など、あらゆる戦略もスタートが決まってこそ。スタートの巧拙は馬個体にも依存するため、必ずしもすべてが騎手のせいではないが、ゲートでのスタンバイ方法など騎手の技術にもおおいに関係してくる。

スタートが苦手な騎手で出遅れた馬に、スタートが得意な騎手が乗り替わりで騎乗するパターンは要注意だ。

●アオリ率（スタートでアオる確率）

アオるとは、ゲート内で立ち上がったとき、あるいはゲートが開いた瞬間に前肢を上げて発走すること。出遅れと同様に取りたいポジションが取りづらくなるため、大きな弱点になる。

こちらは出遅れよりも馬のクセによることが多いため、騎手の能力として判別する際は、アオリ率よりも出遅れ率のほうが重要と考えていただきたい。出遅れ率をベースに、補完的にアオリ率もチェックしていくというあんばいだ。

〈②折り合う〉

●掛かり率（引っ掛かる＝折り合いを欠く確率）

馬と騎手の調和が取れていない状況で馬が力んで走ると、道中に体力を消耗してしまう可能性が高い。力みやすい馬というのは多数いるので騎手の全責任ではないが、スタート後に馬を追ったら力んでしまって掛かることが多いように、騎手のアクションでスイッチが入るケースも多い。

その一方、馬を追わなければポジションと取りにくい。よって、ポジションを取りながらも馬を折り合わせるという行為は、騎手の大切な技術のひとつとみなせる。

〈④コーナーロスを抑える〉

●角ロス率（コーナーで外を回すロスを生じさせる確率）

コーナーロスの重要性に関しては、拙著『コーナーロス激走！馬券術』で紹介したのでここでは割愛させていただくが、ハナ差・アタマ差で決着することも多い競馬において、コーナーで外を回す距離ロスは非常に大きい。

揉まれ弱い、砂を被るのが苦手、といった馬の個性が原因で外を回すことや、多頭数の大外枠で外を回らざるを得なかったり、明らかに能力が抜けている馬で内でゴチャつくよりも距離ロス込みで外を回したほうが良かったりするケースなど、騎手以外が原因になることも多々あるが、行くのか行かないのか中途半端な判断をしているうちに外々を回らされ続ける騎手も多い。

角ロス率はそれを判断する指標だ。

〈⑤不利を受けない〉

●被不利率（さまざまな不利を受ける確率）

「不利を受ける＝運が悪い」と思われがちだが、事前に防げる不利も多い。走行フォームが乱れている馬の後ろからすぐに進路を変更したり、乱暴な動きをしがちな騎手から離れた位置を進んだり、前後左右の馬の手ごたえを見て前が詰まりそうな位置を避けたりと、事前に不利を回避することは可能。ある種の危機察知能力ともいえるだろう。

ジョッキーVARでは、さまざまな被不利率に加えて、躓き率（馬を躓かせる確率）・接触率（馬と馬を接触させる確率）・挟まり率（馬と馬に挟まれる確率）・包まれ率（馬群に包まれて身動きが取れない確率）・詰まり率（前が詰まって減速する確率）と、不利を細分化したデータも併せて取り扱っている。

〈⑥最適なタイミングで仕掛ける〉

●早仕掛率・遅仕掛率（ハイペースなのに早く仕掛ける確率、およびスローペースなのに仕掛けが遅れる確率）

騎手はペースの速い・遅いに関して、体内時計で判断しなければならない。また、ペースの速さを判断する基準は単純に前半が速いか否かのみならず、加減速の大きさや、当日の馬場コンディション・天候によっても変わってくるため、高い判断力が問われる。

なお、仕掛けが早いか遅いかに関しては、独自の距離・コース別のペース基準およびレースVTRでの追い出しのタイミングなどによって判断し、数値化している。

〈⑧真っすぐに馬を追う〉

●モタレ率（直線で馬がモタれる確率）

モタれるとは、真っすぐに馬を追えていない状態のことである。真っすぐ走れない馬をいかにして真っすぐ走らせられるかは、鞭の技術とも相関関係にあり、騎手の技術力による部分も大きい。

ジョッキーの性格的な要因にも踏み込む

以上の指標をベースに、騎手の能力（技術力＋戦術力）を判断していくことになる。またジョッキーVARでは、性格的な要因が大きい騎手の傾向に関しても補完データとして収集している。騎手の戦術力と関係している部分でもあるので、そちらについても説明していこう。

●脚質傾向（前に行きやすいか否かの傾向）

平均値を0として＋1に近づくほど前にポジションを取る傾向が強く、－1に近づくほど後ろにポジションを取る傾向が強いと判断することができる。馬個体の脚質にも依存するが、勝ち気な性格の騎手は前に行きやすい傾向にある。

●**マクリ率**（道中にマクる確率）

マクリとは、主に差し馬や追い込み馬が道中で早めに仕掛けて先団に取り付くこと。マクリ率が高い騎手はペースを乱す頻度も高く、前崩れの展開を演出しやすい。馬のキャラや調教師の指示の場合もあるが、思い切りの良い性格の騎手がマクリを実行しやすい。

●**雁行逃げ率**（雁行逃げの確率）

雁行逃げとは、逃げ馬が併走している、単騎逃げではない状態のこと。逃げようと思っている2頭がいて、一方の馬が引けば単騎逃げになるが、引かなければ雁行逃げ（併走逃げ）になる。

雁行逃げになれば自ずとペースが上がり、前崩れの展開を演出しやすい。厩舎からの「絶対に逃げろ」というオーダーによる場合もあるが、負けん気の強い騎手ほど雁行逃げを実行しやすい。

●**Hペース率**（ハイペースで逃げる確率）

この指標は、独自の距離・コース別のペース基準に基づいて算出している。雁行逃げ率と同様に、前崩れの展開を演出しやすく、負けん気の強い騎手ほどハイペースを演出しやすい。

マクリ率・雁行逃げ率・Hペース率の高い騎手が多いレースほど、前崩れの展開が生まれやすい。競馬は基本的にスローペースで先行有利になりやすく、先行脚質の馬ほど人気になりがち。それゆえに、前崩れの展開になった際は高配当になりやすく、前崩れを演出しやすい騎手を把握しておくことは、とても重要なことになる。

●内回し率・外回し率（コーナーで最内を回す確率およびコーナーで外を回す確率）

前出の角ロス率に関しては、外回しによる明確なロスがあった場合に限定しているが、本項目に関してはそういった有利不利は問わず、騎手が内を回しやすいか外を回しやすいかのみに注目し、その度合いを数値化したものである。

前が詰まってでも最内で距離ロスを抑えて一発に賭けたいというギャンブル気質な性格の騎手と、リスクを回避して外めを回したがる安全志向な性格の騎手に分けることができる。

●進路傾向（最後の直線での進路傾向）

平均値を0として＋1に近づくほど直線で内に進路を取る傾向が強く、－1に近づくほど外にポジションを取る傾向が強いと判断することができる。安全志向な性格の騎手は外に出しやすい傾向がある。

以上、これらのファクターについても、第2章の騎手名鑑パート「JRA非公式データ」に参考データとして掲載している。

第2章

VIP15人＋72人の「追える・追えない」
「上手い・下手」を数字で比較！

【ジョッキーVAR】騎手名鑑

【ジョッキーＶＡＲ】騎手名鑑の見方

●名鑑の構成要素を把握しておこう

まず、参考例として掲載した、左ページの武豊騎手の名鑑部分（Ｐ１３７から流用）をご覧いただきたい。

右上には、騎手のプロフィール（生年月日・年齢・身長・体重）を表示。第1章でも述べた通り、騎手は年齢を重ねるにつれて成績が向上し、平均的に35～39歳をピークに成績は下降していく。フィジカル的な衰えから少しずつ姿勢の維持が難しくなってくることが原因だろう。

つまり、40歳を超えてくると前傾度合いとブレ度合いの値が徐々に悪くなっていく可能性があり、その一方で20代前半までの騎手は今後、値が向上する可能性が十分にあるということである。基本的にいきなり大きく変わることはないので、そこまで気にとめる必要はなく、参考程度に確認するといい。

また、身長が高くなるにつれて、さらに体重が重くなるにつれて成績が向上していく傾向があるため、とくに**高身長で体重が重い若手騎手は、今後の伸びしろに期待できる**と考えていただきたい。

続いて、騎乗成績を掲載。騎乗成績は馬質が大きく影響するため、【ジョッキーＶＡＲ】では重視しないのだが、参考までに掲載することにした。騎乗成績がそれほど良くないにもかかわらず、のちに紹介する騎乗フォーム解析の値が良い騎手（ＶＩＰ15人）は過剰人気しづらく、狙いやすいと考えることができる。逆に、騎乗成績も騎乗フォームの値も良い騎手は過剰人気傾向にある。

最も右に表示されている、騎乗馬の質をＳＡＢＣの4段階で評価する「馬質ランク」も参考になる指

通常追いのみの騎手

武豊

生月	1969年3月15日
年齢	55歳
身長	170.0cm
体重	51.0kg

騎乗フォームはいずれも「S」、さすがレジェンド

騎乗成績

	着度数	勝率	連対率	複勝率	馬質
2015年～	812- 745- 598-3529/5684	14.3%	27.4%	37.9%	A
2023年～	100- 81- 57- 410/ 648	15.4%	27.9%	36.7%	

騎乗フォーム解析

通常追い

前傾度合い			ブレ度合い			ムチ技術力	
S	12.2	3位	S	0.6	3位	S	普通

JRA非公式データ

スタート

項目	ランク	値	順位
出遅れ率	A	12.2%	16位
アオリ率	B	1.7%	69位
脚質傾向	普	+0.2	21位
隊行逃げ率	高	6.2%	12位
Hペース率	普	4.5%	60位
マクリ率	普	3.1%	23位

道中

項目	ランク	値	順位
掛かり率	C	1.5%	104位
角ロス率	B	1.8%	66位
内回し率	普	47.7%	66位
外回し率	普	1.2%	37位

勝負処

項目	ランク	値	順位
早仕掛率	B	0.5%	53位
遅仕掛率	B	0.7%	99位
進路傾向	内	0.2	21位
モタレ率	C	1.5%	98位

不利全般

項目	ランク	値	順位
被不利率	S	2.8%	17位
躓き率	低	1.0%	25位
接触率	低	0.5%	22位
挟まり率	普	0.5%	33位
包まれ率	高	0.4%	102位
詰まり率	普	0.5%	57位

標（詳細は後述）だ。

中段には、本書の目玉となる騎乗フォーム解析データを表示。前傾度合い・ブレ度合いの値（いずれも数値が小さいほど優秀）および、鞭の技術力を掲載している。前傾度合い・ブレ度合いに関しては、数値とともに、２０１５年以降の平地での騎乗回数が３００鞍以上ある騎手のなかにおける順位とランクをＳＡＢＣの４段階で評価している。

鞭の技術力に関してもＳＡＢＣの４段階で評価し、鞭の頻度に関しては多い・普通・少ないの３段階で評価している。

最後に、ＪＲＡ非公式データを掲載。騎手の技術力や戦術力と密接に関係する、とくに重要な８項目（出遅れ率・アオリ率・掛かり率・角ロス率・早仕掛率・遅仕掛率・モタレ率・被不利率）については、データとともにＳＡＢＣの４段階で評価している。

なお、脚質傾向と進路傾向の数値は、前者が＋１に近づくほど前（−１に近づくほど後ろ）、後者が＋１に近づくほど内（−１に近づくほど外）、ということを意味する。

●ＪＲＡ非公式データ～とくに重要な8項目のレースでの活用法

出遅れ率・アオリ率・掛かり率・角ロス率・早仕掛率・遅仕掛率・モタレ率・被不利率の値は、レースや騎乗馬によって重要度が変化するので、それぞれ説明していこう。

《出遅れ率・アオリ率》

スタートが悪い馬・先行馬・短距離戦に騎乗する際には注意！

↓そもそもスタートが上手な馬であれば、騎手の技術はそれほど影響しない。また、追い込み脚質の馬の場合は、いずれにしろポジションを下げるので、影響度が低い。加えて、長距離戦ではリカバリーがききやすいため影響度が低くなる。

《掛かり率》

折り合い難の馬・距離延長馬に騎乗する際に注意！

↓ピタッと折り合う操縦性の高い馬は、騎手の技術がそれほど影響しない。また、距離短縮時は騎手の技術に関係なく、馬が折り合いやすいので影響度が低くなる。

《角ロス率》

多頭数・外枠の際に注意！

→少頭数のレースや内枠に入った場合は隊列的に距離ロスが生じにくいので、騎手の技術が影響しづらい。また、揉まれ弱い馬や砂を被るのが苦手な馬の場合は、いずれにしろ外めを回す必要があるので、騎手の影響度は下がる。

《早仕掛率》

逃げ馬が多いメンバー構成・先行馬に騎乗する際に注意！

→早仕掛が不利になるシチュエーションで影響が大きくなるため、ハイペースになりやすいときや、前に行く馬に騎乗している際に注意が必要となる。

《遅仕掛率》

逃げ馬が不在のメンバー構成・差し馬に騎乗する際に注意！

→早仕掛と逆で遅仕掛が不利になるシチュエーションで影響が大きくなるため、スローペースになりやすいときや、後ろから行く馬に騎乗している際に注意が必要となる。

《モタレ率》

・モタレ癖のある馬・直線が長いコース・差し馬に騎乗する際に注意！

→真っすぐに走れる馬は騎手の技術が影響しづらい点と、直線が短いコースやラチを頼りやすい逃げ馬などは、モタレの影響が限定的となる。逆に、直線が長く差し馬に騎乗する際は、真っすぐ走れる騎手の技術力が非常に大切になってくる。

《被不利率》

内枠・多頭数の際に注意!

↓不利を受けづらい外枠や少頭数の場合は、影響度が低い。頭数が多く、内枠でゴチャつきやすいシチュエーションで騎手の不利回避力が重要になってくる。

●馬質ランクの活用法

JRA非公式データのなかで、出遅れ率・アオリ率・掛かり率・モタレ率に関しては、騎手の技術力も大切ながら、そもそもの馬の能力も大きく関係している。

ディープインパクトなどの一部の個性派の例外を除き、基本的に強い馬は出遅れ率・アオリ率・掛かり率・モタレ率が低い。それゆえに、馬質ランクが低い騎手は、自ずとそれらの値が高く出やすい。

したがって、馬質ランクが低い騎手に関しては、出遅れ率・アオリ率・掛かり率・モタレ率の値を上方修正し、馬質ランクが高い騎手に関しては下方修正することを推奨している。

データベースソフトなどで騎手を分析し、「東京コースが得意」「逃げが上手」というような結論が弾き出しているケースをよく見かけるが、騎乗馬の質に大きく影響されるため、「特定のコースや脚質での成績が良い=得意」とは限らないし、繰り返し述べているように、それはあくまでも後付けにすぎない。

それよりも、騎手の技術力や戦術力を分析し、それをもとに得意なコースや脚質を判断するほうが、正確かつ未来を予測すべき競馬予想で重要なことになる。

過去データを見て東京の成績が良いから東京が得意と考えるのではなく、「モタレ率が低く、真っすぐ追うのが上手な騎手だから直線の長い東京コースが得意」「出遅れ率と早仕掛率が低いから、逃げ馬に騎乗するのが得意」と判断するようにしていただきたい。

●VIP騎手15人の選定基準

川田騎手やルメール騎手、そしてレジェンド武豊騎手などトップ中のトップ騎手たちは、前傾姿勢で重心のブレ度合いも小さい。つまり、非常に上手い。

しかし、そのぶん知名度も高く、過剰人気になりやすい。それゆえにVIP騎手15名は、馬券で狙いやすいオススメ騎手を以下2つの基準に則って選定している。

(1) 減量特典のある、技術力が高めの若手騎手を選定

まず注目しているのは、高い技術力を身に着けながらも、減量特典が取れていない若手騎手。減量特典が取れれば終わりなので、賞味期限が長いわけではない。今だからこそ狙うべき騎手であり、彼らは乗り替わりの際に大きな効力を発揮する。

「斤量1キロ＝1馬身」の定説が古くからあるように、競馬の世界では斤量差がレース結果に大きな影響を与える。1馬身の価値は、距離・ペース・馬場差によって異なってくるので一概に単純計算はできないが、技術力の高い減量騎手に乗り替われば、▲印（3キロ減）の騎手で3馬身、△印（2キロ減）

の騎手で2馬身、☆印（1キロ減）の騎手で1馬身、前走よりも上昇できることになる。

前走で4～5着の馬なら馬券圏内は余裕で目指せるし、メンバーレベル次第では、前走で二桁着順に敗れた馬でも馬券圏内に入ることが可能である。その意味で、**技術力の高い減量騎手への乗り替わりというのは、それだけで手っ取り早く狙えるパターン**といえる。

また、若手騎手ということは、必然的にフィジカルがまだまだ向上し、技術力も戦術力も今後上昇していくことが見込める。そのため、未来を予測すべき競馬予想において知っておいて損はない騎手たちとみなすことができる。

なお、減量特典が取れたあとの取り扱いに関してだが、今回ＶＩＰ扱いした面々はそもそも技術力が平均値より高いので、必要以上に嫌う必要はない。減量特典が取れたからといって急に技術力が落ちるわけではなく、減量特典が取れたあとも引き続き注目していただいて問題ない。

(2) リーディング中～下位から技術力が高い騎手を選定

続いて注目したいのが、技術力が高いリーディング中～下位騎手である。そしてこちらも、乗り替わり時がいちばんの狙い目になる。

技術力が高いリーディング上位騎手への乗り替わりは好走確率が大きく向上するのだが、過剰人気しやすいのが難点。それに対し、リーディング中～下位騎手への乗り替わりは一般的な競馬ファンにとっては買い材料にならず、過剰人気しにくい。

しかし、確かな技術力があれば上位騎手と遜色のないプレーを見せてくれる。儲けるためには、ここに狙いを定める必要があるのだ。

私は、VIPとして取り上げた15名の騎手に関して、昨年や今年がどのような成績になっているかはいっさい重視していない。騎手の勝率や回収率は騎乗馬のレベルともおおいに関係してくるし、成績はあくまでも過去のものだからだ。

今現在、高い技術を持っていれば、たとえ過去の成績が悪かったとしても、これから成績を上げていく可能性は高いと判断できる。営業力が極端に低かったり、普段の素行が悪かったりして馬が集まらず、成績は上昇しないままだったとしても、それはあまり重要ではない。

大切なのは、その騎手が騎乗することによって、前回よりも何馬身前進できるか、その結果として馬券圏内に入れるかどうか、ということである。だから、技術力の高い減量騎手やリーディング中〜下位騎手への乗り替わりは、それだけで手っ取り早く狙えるパターンといえるのだ。

VIPのなかには一部リーディング上位騎手も含まれるが、過剰人気しにくいタイプであるため、ラインナップに加えることにした。

なお名鑑では、紙幅の問題から2015年以降、平地競走で300鞍以上ある騎手で技術力の高い騎手を優先して掲載している（掲載順はVIP15人・50音順→その他72人・50音順）。

また、短期免許で来日騎乗している外国人騎手も同様に、15年以降、平地競走で300鞍以上ある騎手を対象として掲載している。

ＶＩＰ　通常追い＋シッティングプッシュの騎手

岩田康誠

生月	1974年3月12日
年齢	50歳
身長	159.0cm
体重	52.0kg

ブレ度合いは3位、出遅れ率・アオリ率も優秀

騎乗成績

	着度数	勝率	連対率	複勝率	馬質
2015年～	578- 614- 671-4527/6390	9.0%	18.7%	29.2%	B
2023年～	38- 32- 42- 392/ 504	7.5%	13.9%	22.2%	

騎乗フォーム解析

通常追い

前傾度合い			ブレ度合い			ムチ技術力	
B	20.6	29位	A	2.2	3位	B	多い

シッティングプッシュ

前傾度合い			ブレ度合い			ムチ技術力	
S	13.7	10位	S	13.7	10位	S	多い

JRA非公式データ

スタート

項目	ランク	値	順位
出遅れ率	A	12.2%	15位
アオリ率	A	0.9%	24位
脚質傾向	普	0.0	51位
雁行逃げ率	高	9.3%	35位
Hペース率	高	2.3%	14位
マクリ率	高	4.6%	7位

道中

項目	ランク	値	順位
掛かり率	C	1.2%	103位
角ロス率	B	1.9%	70位
内回し率	高	58.9%	3位
外回し率	低	0.8%	8位

勝負処

項目	ランク	値	順位
早仕掛率	C	0.9%	101位
遅仕掛率	B	0.6%	91位
進路傾向	外	−0.6	102位
モタレ率	B	1.3%	89位

不利全般

項目	ランク	値	順位
被不利率	B	3.2%	46位
躓き率	普	1.2%	48位
接触率	低	0.6%	31位
挟まり率	普	0.5%	36位
包まれ率	普	0.3%	80位
詰まり率	普	0.6%	92位

【岩田康誠】まさに今が狙い目の元祖シッティングプッシャー

いわずと知れたシッティングプッシャーである。全盛期は岩田康誠騎手のシッティングプッシュだから馬が伸びるのではないかと錯覚させるほどの活躍ぶりで、真似をする若手騎手が続出したほど。

現在は年齢的にもベテランとなり、近年は乗り馬の質も低下。一気に目立たない騎手になってしまった。しかし、騎乗フォームを解析する限り、まだまだ技術力は衰えていない。

最大のウリは、ブレ度合いの値が優秀なこと。ブレ度合いが大きく、競走馬の負担になっているような騎乗をするシッティングプッシャーが目立つなか、さすがは元祖ということで、ブレの小さな美しいシッティングプッシュをしている。加えて、鞭をガンガン打ちながらブレを小さくしているのはお見事。近年は乗り替わりで過剰人気することもなくなったが、技術力が低下しているわけではないので、逆に今が狙い目である。

イン突きが代名詞のようになっている騎手で、実際に内回し率が高い。ただ、雁行逃げ率・Hペース率・マクリ率がすべて高いように、つねにインを狙っているというよりは、イチかバチかの騎乗が多いということ。実は直線で大外に出すケースも多い。岩田康騎手のようなタイプを私はクラッシャー系の騎手と呼んでおり、馬券的には1着固定や、穴狙いに徹するのがベストと考えている。

岩田騎手といえばイン突き、という印象にとらわれるのは危険で、しっかりデータで確認することが重要。また、こういうタイプの騎手はハマったときに鮮やかなことから「上手い！」と思われがちだが、それ以上の失敗もしていることを忘れてはいけない。ハマったときだけを見て上手いと思うのはＮＧ。【ジョッキーＶＡＲ】では、戦略的な部分よりもあくまでもフォームを評価している。

ＶＩＰ　通常追い＋シッティングプッシュの騎手

小林勝太

生月	2002年11月26日
年齢	21歳
身長	165.1cm
体重	47.3kg

〝騎乗二刀流〟＋減量で期待の若手

騎乗成績

	着度数	勝率	連対率	複勝率	馬質
2015年～	19- 15- 27- 544/ 605	3.1%	5.6%	10.1%	C
2023年～	19- 15- 27- 544/ 605	3.1%	5.6%	10.1%	

騎乗フォーム解析

通常追い

前傾度合い			ブレ度合い			ムチ技術力	
B	16.1	31位	B	3.9	39位	B	普通

シッティングプッシュ

前傾度合い			ブレ度合い			ムチ技術力	
A	17.1	11位	B	4.5	12位	B	普通

JRA非公式データ

スタート

項目	ランク	値	順位
出遅れ率	A	13.2%	30位
アオリ率	S	0.5%	9位
脚質傾向	普	−0.1	53位
雁行逃げ率	高	6.2%	12位
Hペース率	低	9.2%	102位
マクリ率	低	0.0%	107位

道中

項目	ランク	値	順位
掛かり率	B	0.8%	88位
角ロス率	C	2.8%	101位
内回し率	普	48.9%	56位
外回し率	普	1.2%	33位

勝負処

項目	ランク	値	順位
早仕掛率	B	0.7%	83位
遅仕掛率	B	0.3%	44位
進路傾向	中	0.1	36位
モタレ率	B	1.0%	59位

不利全般

項目	ランク	値	順位
被不利率	C	5.1%	106位
躓き率	高	2.4%	104位
接触率	高	1.4%	104位
挟まり率	普	0.6%	56位
包まれ率	普	0.3%	93位
詰まり率	普	0.4%	51位

【小林勝太】目立つ同期の陰でしっかり仕事をしているテクニシャン

通常追いとシッティングプッシュの併用タイプ。年齢的にも騎乗フォームはまだ模索中な部分もあるだろうが、通常追いもシッティングプッシュも水準以上の技術を持っており、減量特典のある騎手のなかでは上位レベル。そして、若手にしては鞭の打ち方もかなり上手いほうである。鞭を打つ際に体幹がブレる若手が多いなか、しっかりと前傾姿勢を維持しながら、ビシビシと鞭を打つことができる。

同期では田口貫太騎手ひとりが目立っている印象で、初年度は12勝に終わったが、小林勝太騎手も技術的には決して負けていない。とくに、シッティングプッシュはかなり上手い。減量特典があることを考えれば、ローカルではトップクラスで狙える。まだまだ目立っていないので、技術力の高さがバレていない今が狙うべきタイミングだ。

ＪＲＡ非公式データからは、スタート部分以外が課題であることがわかる。角ロス率が高かったり、被不利率が高かったり（とくに接触率が高い）することからも、粗削りなレースが多いということがわかる。よって、乗り難しいタイプの馬を任せると、何もできずに終わってしまう可能性もあるかもしれない。

ただし、そういった部分はレース経験を積むことで改善される可能性が高いので、今後の伸びしろに期待できる。また、スタートに関しては、馬質を考えればかなり優秀。スタートを決めて良いポジションを取れれば、コーナーロスも不利も受けづらい。したがって、現状ではローカル開催で先行馬に騎乗する際が狙い目。乗り替わりで穴馬券を数多く提供してくれるだろう。

ＶＩＰ　通常追いのみの騎手

佐々木大輔

生月	2003年11月24日
年齢	20歳
身長	161.6cm
体重	46.5kg

若手では前傾・ブレともに上位の数値をゲット！

騎乗成績

	着度数	勝率	連対率	複勝率	馬質
2015年～	91- 82- 101- 961/1235	7.4%	14.0%	22.2%	B
2023年～	82- 74- 87- 719/ 962	8.5%	16.2%	25.3%	

騎乗フォーム解析

通常追い

前傾度合い			ブレ度合い			ムチ技術力	
A	14.7	15位	A	2.1	20位	B	少ない

JRA非公式データ

スタート

項目	ランク	値	順位
出遅れ率	A	12.3%	18位
アオリ率	A	1.1%	30位
脚質傾向	前	0.4	13位
雁行逃げ率	高	8.1%	26位
Hペース率	高	1.6%	7位
マクリ率	低	0.7%	93位

道中

項目	ランク	値	順位
掛かり率	S	0.1%	2位
角ロス率	S	0.9%	6位
内回し率	普	48.8%	57位
外回し率	高	2.0%	98位

勝負処

項目	ランク	値	順位
早仕掛率	S	0.2%	12位
遅仕掛率	A	0.2%	21位
進路傾向	中	−0.2	71位
モタレ率	C	1.6%	99位

不利全般

項目	ランク	値	順位
被不利率	B	3.6%	74位
躓き率	高	1.7%	96位
接触率	高	1.3%	95位
挟まり率	低	0.3%	11位
包まれ率	低	0.1%	9位
詰まり率	低	0.3%	20位

【佐々木大輔】大きな伸びしろに期待できる若手有望株の筆頭格

こちらはオーソドックスな通常追いのタイプ。前傾度合い・ブレ度合いともに減量特典がある騎手のなかでは最上位クラス。それどころか、全騎手のなかでも上位層に位置する技術の持ち主だ。デットーリ騎手を目標としているだけあって、非常に綺麗な騎乗フォームをしている。

同期に二世ジョッキーの今村聖奈騎手・角田大河騎手がいたことで、デビュー年は目立つことができず年間9勝に終わったが、２０２３年に68勝と大きく勝ち星を伸ばし一気にブレイク。その背景には、今村騎手、河原田菜奈騎手、小林美駒騎手、角田河騎手、永島まなみ騎手、古川奈穂騎手のスマホ使用による30日間の騎乗停止で、減量特典需要が佐々木騎手に集中したことが考えられている。

しかし、私は佐々木騎手の高い技術力があったからこそつかんだ勝ち星とみている。スマホ事件がなくても、佐々木騎手は同じくらい勝っていただろう。鞭の際に体幹がブレてしまったりするなど、一流騎手と比較するとまだまだな部分はあるが、今後の成長次第で一流騎手の仲間入りをする可能性は十分にあるだろう。

ＪＲＡ非公式データからはモタレ率が高いことが課題。鞭の使い方が上手くなってくればモタレ率の部分も改善してくるだろうが、現状はスタートが上手く、掛かり率・角ロス率・早仕掛率がＳランクであることからも、直線の短いコースで先行馬に騎乗する際が狙い目になる。

すでにローカルではトップクラスの技術を持っているので、減量特典がある際は積極的に狙いたい。減量特典が取れてからもベースの技術力が高いので、技術力に劣る騎手からの乗り替わりであれば狙い続けるべきである。

VIP　通常追い＋シッティングプッシュの騎手

杉原誠人

生月	1992年10月31日
年齢	31歳
身長	164.5cm
体重	51.0kg

通常追いもシッティングも前傾良し！

騎乗成績

	着度数	勝率	連対率	複勝率	馬質
2015年～	94- 102- 121-2372/2689	3.5%	7.3%	11.8%	C
2023年～	16- 20- 23- 470/ 529	3.0%	6.8%	11.2%	

騎乗フォーム解析

通常追い

前傾度合い			ブレ度合い			ムチ技術力	
A	14.6	12位	B	3.4	34位	B	普通

シッティングプッシュ

前傾度合い			ブレ度合い			ムチ技術力	
S	14.6	3位	B	3.7	8位	B	普通

JRA非公式データ

スタート

項目	ランク	値	順位
出遅れ率	B	15.9%	57位
アオリ率	S	0.6%	14位
脚質傾向	後	−0.3	91位
雁行逃げ率	普	11.1%	56位
Hペース率	普	3.0%	23位
マクリ率	低	0.7%	95位

道中

項目	ランク	値	順位
掛かり率	S	0.2%	4位
角ロス率	A	1.4%	39位
内回し率	高	54.8%	8位
外回し率	普	1.5%	71位

勝負処

項目	ランク	値	順位
早仕掛率	B	0.4%	40位
遅仕掛率	A	0.2%	17位
進路傾向	外	−0.3	90位
モタレ率	S	0.6%	20位

不利全般

項目	ランク	値	順位
被不利率	B	3.5%	67位
躓き率	普	1.2%	49位
接触率	普	1.0%	77位
挟まり率	普	0.6%	50位
包まれ率	普	0.2%	41位
詰まり率	普	0.6%	83位

【杉原誠人】密かにトップクラスの技術を持つ穴馬券メーカー

通常追いとシッティングプッシュの併用タイプ。デビュー年は7勝、2年目の22勝をピークに現在は年間10勝前後を行き来しているように、リーディングの下位常連だが、実は通常追い・シッティングプッシュともに前傾度合いの値はトップクラスである。

ブレ度合いや鞭の技術も水準レベルで、とくにシッティングプッシュに関しては現役騎手のなかで上位レベルの技術を有している。それにもかかわらず、まったく目立っていないことから、過剰人気することはない。乗り替わりで狙えるシチュエーションが多発する、とても重宝できる騎手である。

JRA非公式データからは、Cランクのパラメーターがひとつもなく、優秀であることがわかる。また、掛かり率とモタレ率がともにSランクであることから、直線が長いコースで差し馬に騎乗した際に真価を発揮するタイプと読み取れる。

とくに掛かり率の低さは非常に優秀な値で、現役騎手のなかでもトップレベル。実際に2024年の小倉大賞典では、掛かり癖があってルメール騎手でも苦戦していたエピファニーに乗り替わりで騎乗して一発回答。自身3度目の重賞勝利を手中に収めた。これは決して偶然ではなく、杉原騎手の技術を持ってすれば、納得のいく結果であった。

出遅れ率はBランクだが、馬質が低いことと、アオリ率の優秀さを考えればスタートも水準クラスにあると考えられる。ローカルでは最上位クラスの技術を持っているので、つねに警戒しておきたい。この先も、乗り替わりでオイシイ穴馬券をたくさん提供してくれるだろう。

ＶＩＰ　通常追いのみの騎手

田口貫太

生月	2003年12月10日
年齢	20歳
身長	156.4cm
体重	44.6kg

ブレでは上位、出遅れ率や被不利率でも優秀

騎乗成績

	着度数	勝率	連対率	複勝率	馬質
2015年～	52- 51- 43- 724/ 870	6.0%	11.8%	16.8%	B
2023年～	52- 51- 43- 724/ 870	6.0%	11.8%	16.8%	

騎乗フォーム解析

通常追い

前傾度合い			ブレ度合い			ムチ技術力	
C	20.0	56位	A	1.9	15位	B	少ない

JRA非公式データ

スタート

項目	ランク	値	順位
出遅れ率	S	10.9%	7位
アオリ率	B	1.3%	49位
脚質傾向	普	0.1	40位
雁行逃げ率	高	3.5%	4位
Hペース率	高	1.8%	8位
マクリ率	低	0.8%	88位

道中

項目	ランク	値	順位
掛かり率	A	0.5%	34位
角ロス率	B	1.6%	56位
内回し率	低	41.5%	102位
外回し率	普	1.8%	88位

勝負処

項目	ランク	値	順位
早仕掛率	S	0.1%	1位
遅仕掛率	A	0.2%	18位
進路傾向	中	−0.1	52位
モタレ率	B	1.0%	65位

不利全般

項目	ランク	値	順位
被不利率	S	2.7%	15位
躓き率	普	1.3%	60位
接触率	低	0.4%	13位
挟まり率	普	0.6%	62位
包まれ率	低	0.1%	6位
詰まり率	低	0.3%	16位

【田口貫太】まるでベテラン騎手を思わせる味のある若手

父が笠松競馬所属の元騎手・現調教師で、母も笠松競馬の元騎手。そんな背景もあってかデビュー直後から馬が集まっていた印象で、見事に最多勝利新人騎手賞を獲得した。愛されキャラで、同期のなかでいちばん目立っているが、騎乗スタイルは良い意味で地味。そのせいか、過剰人気しないのは馬券的にありがたい限りである。

オーソドックスな通常追いで、前傾度合いの値はまだまだだが、ブレ度合いの低さは現役騎手のなかでもトップクラス。鞭の打ち方がぎこちない部分があったり、持ち替えに時間が掛かったりと改善の余地はあるものの、若手のなかでは水準のレベルにあるので徐々に改善されていくだろう。

年齢を重ねて体幹がしっかりしてくれば、さらに綺麗になりそうな伸びしろのあるフォーム。一流騎手たちとはまだ差があるうえ、ローカルへの参戦することが少なく、勝ち星はさほど伸ばせていないが、ローカルに参戦した際はつねに警戒が必要になる。

JRA非公式データからは、Cランクのパラメーターがひとつもなく、優秀であることがわかる。早仕掛率の低さは1位と、荒々しさの残る若手特有の闘志全面型の騎乗スタイルとはまったく逆。落ち着いた冷静なスタイルなので、能力がある馬であれば素直に信頼できる。まるでベテランのような味のある騎手である。

ミラクルな騎乗は少ないが、毎回馬の実力をしっかりと発揮してくれる軸向きのタイプ。スタートが得意で早仕掛率も低いことから、直線の短いコースで先行馬に乗る際がとくに狙い目になる。

VIP　通常追いのみの騎手

田辺裕信

生月	1984年2月12日
年齢	40歳
身長	163.0cm
体重	52.0kg

Sはなくても、項目ごとの平均点はいずれも高い

騎乗成績

	着度数	勝率	連対率	複勝率	馬質
2015年～	701- 677- 618-4325/6321	11.1%	21.8%	31.6%	A
2023年～	70- 84- 62- 505/ 721	9.7%	21.4%	30.0%	

騎乗フォーム解析

通常追い

前傾度合い			ブレ度合い			ムチ技術力	
A	14.4	10位	B	2.5	23位	B	少ない

JRA非公式データ

スタート

項目	ランク	値	順位
出遅れ率	C	21.1%	99位
アオリ率	A	1.0%	26位
脚質傾向	後	−0.2	71位
雁行逃げ率	低	15.7%	95位
Hペース率	普	3.8%	42位
マクリ率	普	3.5%	17位

道中

項目	ランク	値	順位
掛かり率	A	0.4%	27位
角ロス率	C	2.5%	95位
内回し率	普	46.3%	78位
外回し率	高	1.9%	95位

勝負処

項目	ランク	値	順位
早仕掛率	A	0.3%	31位
遅仕掛率	B	0.7%	96位
進路傾向	内	0.4	7位
モタレ率	A	0.7%	22位

不利全般

項目	ランク	値	順位
被不利率	A	3.0%	31位
躓き率	低	0.6%	3位
接触率	普	1.0%	82位
挟まり率	低	0.4%	14位
包まれ率	普	0.2%	60位
詰まり率	高	0.8%	105位

【田辺裕信】戦術力に難ありも技術力は一級品の隠れ名手

オーソドックスな通常追いで、前傾度合い・ブレ度合いともに現役上位の値を記録している騎手。非常に綺麗な騎乗フォームをしている。鞭の使用頻度こそ高くないが、鞭を打つ際も綺麗な騎乗フォームは乱れることはない。

前傾度合い・ブレ度合い・鞭技術のバランスは現役でもトップレベル。騎乗フォーム解析の優秀さを考えれば、もっと活躍してもおかしくない騎手なのだが、そうならない理由は後述するように戦術力にある。技術力のわりには人気もしないので、狙い方次第でかなり儲けさせてくれる。

JRA非公式データから注意したい点は、まず、馬質を考えれば出遅れ率が高く、スタートは苦手なタイプと判断できる。したがって、狙うなら差し馬がいいのだが、角ロス率も高いのが難点。レースぶりを見ていても、後方から4コーナーで大外ぶん回しという騎乗が多く見受けられ、そのイメージ通りのデータになっている。

加えて、遅仕掛率が高いことから、スローペースで前が残る展開になるとお手上げ状態。追う技術の高さを実戦で活かせていないのはもったいない限りだが、掛かり率とモタレ率が低いことからも、後ろが届く展開になればしっかりと差してこられる。

軸で買うのではなく、先行争いが激化しそうなメンバー構成のレースなどで、展開がハマることに期待して、1着固定の馬券やヒモ穴で狙うべき騎手。基本的なスペックは高いので、戦術力がものをいわない少頭数レースや差しが届くレースでは、今後もオイシイ馬券を数多く提供してくれるだろう。

VIP　通常追いのみの騎手

角田大河

生月	2003年5月21日
年齢	20歳
身長	165.0cm
体重	46.7kg

勝負処での数値が高バランスで頼りになる

騎乗成績

	着度数	勝率	連対率	複勝率	馬質
2015年～	76- 89- 102-1143/1410	5.4%	11.7%	18.9%	B
2023年～	40- 53- 70- 664/ 827	4.8%	11.2%	19.7%	

騎乗フォーム解析

通常追い

前傾度合い			ブレ度合い			ムチ技術力	
B	15.2	18位	B	2.9	26位	B	少ない

JRA非公式データ

スタート

項目	ランク	値	順位
出遅れ率	B	14.8%	49位
アオリ率	C	2.0%	86位
脚質傾向	普	−0.1	52位
雁行逃げ率	高	6.8%	18位
Hペース率	普	3.4%	36位
マクリ率	低	0.9%	81位

道中

項目	ランク	値	順位
掛かり率	B	0.7%	72位
角ロス率	A	1.4%	40位
内回し率	普	46.3%	77位
外回し率	普	1.4%	60位

勝負処

項目	ランク	値	順位
早仕掛率	A	0.3%	24位
遅仕掛率	S	0.1%	5位
進路傾向	中	0.0	42位
モタレ率	A	0.8%	30位

不利全般

項目	ランク	値	順位
被不利率	S	2.8%	18位
躓き率	普	1.5%	87位
接触率	低	0.4%	9位
挟まり率	低	0.4%	24位
包まれ率	普	0.2%	39位
詰まり率	低	0.3%	11位

【角田大河】信頼回復なれば上昇が見込めるGⅠ騎手ジュニア

オーソドックスな通常追いタイプ。前傾度合い・ブレ度合いともに減量特典がある騎手のなかでは上位クラスにランクできる。同期の佐々木大輔騎手よりも技術力で若干劣るかたちだが、角田大河騎手も相当高い技術力を持っている。

元騎手の角田晃一調教師の次男ということもあってか、1年目から馬が集まり36勝を記録。2年目も順調に勝ち星を伸ばしていたものの、スマホ使用による30日間の騎乗停止を機に急降下。2024年はやや低迷している状況になっている。

ただしこれは、あくまでも良い馬に乗れていないことが原因であって、技術力が原因ではない。減量特典がある点は大きな魅力なので、技術力で前走騎乗者を上回る乗り替わりで積極的に狙いたい。若手にしては中央場所での騎乗が多いのだが、ローカルに参戦した際はトップクラスの技術力を誇るシチュエーションが多く見られる。ローカルがとくに狙い目だ。

JRA非公式データを確認すると、勝負処におけるパラメーターが非常に優秀。実際のレースぶりを見ていても、道中は余計なことをせずにジッと構え、最適なタイミングで追い出すベテランのような騎乗が目立つ。

同期の佐々木騎手が「先行馬×直線の短いコース」で持ち味が活かすタイプなのに対して、角田河騎手は「差し馬×直線の長いコース」で持ち味が活きるタイプ。未勝利戦からオープンまで導いたエイシンスポッターとは、とくに手が合うのだろう。良い意味で地味系の騎乗が目立つため、過剰人気することが少なく、今後も乗り替わりで重宝しそうである。

V I P　通常追いのみの騎手

津村明秀

生月	1986年1月5日
年齢	38歳
身長	168.0cm
体重	51.0kg

アオらず、コーナーロスも少ない

騎乗成績

	着度数	勝率	連対率	複勝率	馬質
2015年～	381- 470- 447-4314/5612	6.8%	15.2%	23.1%	B
2023年～	69- 68- 66- 580/ 783	8.8%	17.5%	25.9%	

騎乗フォーム解析

通常追い

前傾度合い			ブレ度合い			ムチ技術力	
B	16.0	30位	B	3.0	29位	B	少ない

JRA非公式データ

スタート

項目	ランク	値	順位
出遅れ率	B	15.8%	55位
アオリ率	S	0.6%	15位
脚質傾向	普	0.2	24位
雁行逃げ率	普	12.5%	72位
Hペース率	高	2.9%	22位
マクリ率	普	2.8%	29位

道中

項目	ランク	値	順位
掛かり率	B	0.6%	59位
角ロス率	A	1.5%	48位
内回し率	普	49.1%	51位
外回し率	普	1.1%	28位

勝負処

項目	ランク	値	順位
早仕掛率	B	0.4%	46位
遅仕掛率	B	0.6%	89位
進路傾向	中	0.0	50位
モタレ率	S	0.6%	16位

不利全般

項目	ランク	値	順位
被不利率	B	3.5%	66位
躓き率	普	1.2%	50位
接触率	普	1.0%	81位
挟まり率	低	0.3%	13位
包まれ率	普	0.3%	79位
詰まり率	高	0.7%	95位

【津村明秀】すべて高水準かつ好バランスのオールラウンダー

競馬学校卒業時にアイルランド大使特別賞を受賞するなど注目されていた騎手だが、デビュー年はわずか８勝にとどまる。２年目には36勝と勝ち星を伸ばし、近年は40〜50勝前後で推移しているが、デビュー時の期待を考えれば、同期の川田将雅騎手に大きく水をあけられる格好になってしまった。ただし、大きな結果を残せていないだけで、騎乗フォームのレベルの高さはデビュー前の評判通り確かなもの。今後、遅まきながらブレイクする可能性はおおいにある。

オーソドックスな通常追いで、前傾度合い・ブレ度合い・ムチ技術力ともに突出した値ではないものの、すべてが水準以上かつバランスの良さがウリ。教科書に出てきそうなタイプで、アイルランド大使特別賞を受賞し、同期の川田騎手や藤岡佑介騎手が「競馬学校時代の成績は津村がつねにトップだった」と話すのもうなずける。

ＪＲＡ非公式データにＣランクはひとつもなく、戦術力の高さも確かで、これといった穴がない。とはいえ、一流どころとは技術力で叶わないレベルにあるのも事実。中央場所で一流騎手が揃うタイミングでは技術力で劣るが、ＧⅠなどの裏開催で一流騎手が関西に集中しているタイミングや、ローカルに参戦した際には、相対的に技術力は上位となり、同時に馬券の狙い目になってくれる。

地味な存在ゆえに過剰人気することは少なく、乗り替わりで狙えるシチュエーションは多い。とくに、モタレ率の低さが優秀かつしっかりと馬を追うことができるので、差し馬に騎乗した際には積極的に狙っていける。馬券的には軸向きだ。

VIP　通常追いのみの騎手

富田　暁

生月	1996年12月11日
年齢	27歳
身長	166.0cm
体重	51.0kg

前傾4位＝Sのフォームは特筆モノ！

騎乗成績

	着度数	勝率	連対率	複勝率	馬質
2015年～	185- 192- 226-3063/3666	5.0%	10.3%	16.4%	B
2023年～	48- 40- 56- 629/ 773	6.2%	11.4%	18.6%	

騎乗フォーム解析

通常追い

前傾度合い			ブレ度合い			ムチ技術力	
S	12.3	4位	A	2.0	17位	B	少ない

JRA非公式データ

スタート

項目	ランク	値	順位
出遅れ率	B	15.9%	59位
アオリ率	C	2.5%	100位
脚質傾向	普	0.0	50位
雁行逃げ率	高	9.9%	41位
Hペース率	普	4.3%	55位
マクリ率	普	1.9%	49位

道中

項目	ランク	値	順位
掛かり率	C	1.1%	100位
角ロス率	C	2.0%	82位
内回し率	普	47.8%	65位
外回し率	高	1.9%	93位

勝負処

項目	ランク	値	順位
早仕掛率	B	0.5%	66位
遅仕掛率	B	0.4%	48位
進路傾向	中	−0.2	59位
モタレ率	S	0.5%	13位

不利全般

項目	ランク	値	順位
被不利率	A	3.0%	37位
躓き率	普	1.3%	63位
接触率	普	0.7%	46位
挟まり率	普	0.5%	31位
包まれ率	普	0.2%	31位
詰まり率	普	0.4%	49位

【富田暁】同期のGⅠジョッキーをしのぐほどの腕達者

騎乗フォームは、オーソドックスな通常追い。競馬の血縁関係者がいないため馬集めに苦労している印象で、デビュー年は17勝にとどまった。その後、オーストラリアでの武者修行を経て、少しずつ勝ち星を伸ばし、2023年はテイエムスパーダでの重賞初勝利に加え、年間42勝とキャリアハイの成績を挙げたが、24年はやや低迷している。

GⅠを勝ちまくっている同期の横山武史騎手の活躍が目立つばかりだが、前傾度合いはその横山武騎手を大きく上回る非常に優秀な値で、現役トップレベルを誇る。追う技術自体は、横山武騎手にもまったく負けていない。ブレ度合いも小さく、騎乗フォームは素晴らしいのひと言。鞭の技術も水準クラスで、成績こそ目立たないが追う技術力は相当高い。

JRA非公式データを見ると、モタレ率の低さこそ優秀ながら、その他はCランクも多く、追う技術以外ではまだまだ改善の余地がある印象。折り合い面に加えて、コーナーロスの大きさなど戦術面でも課題が残る。

それでも、知名度の低さから過剰人気することはまずないので、追う技術力の高さからも乗り替わりで大きく狙える騎手。追う技術以外も向上してくれれば、一流騎手になれるだけの下地は十分にある。現状はローカルに参戦した際が狙い目だ。

現在、絶賛低迷中で、今後もさらに人気が落ちそうな騎手だが、追う技術力の高さをわかっている私からすれば、願ってもないシチュエーション。常にマークしている騎手のひとりであり、今後も乗り替わりで大きな穴馬券をたくさん提供してくれるだろう。

ＶＩＰ　通常追いのみの騎手

西塚洸二

生月	2004年3月9日
年齢	20歳
身長	160.2cm
体重	47.3kg

ブレ度合い・モタレ率・コーナーロスで優秀

騎乗成績

	着度数	勝率	連対率	複勝率	馬質
2015年～	39- 30- 33- 583/ 685	5.7%	10.1%	14.9%	C
2023年～	29- 26- 25- 408/ 488	5.9%	11.3%	16.4%	

騎乗フォーム解析

通常追い

前傾度合い			ブレ度合い			ムチ技術力	
B	18.2	42位	A	2.1	20位	C	多い

JRA非公式データ

スタート

項目	ランク	値	順位
出遅れ率	B	16.5%	63位
アオリ率	B	1.3%	53位
脚質傾向	普	0.2	28位
雁行逃げ率	高	7.5%	19位
Hペース率	低	6.0%	84位
マクリ率	普	1.7%	52位

道中

項目	ランク	値	順位
掛かり率	B	0.7%	77位
角ロス率	A	1.5%	45位
内回し率	普	52.1%	24位
外回し率	普	1.0%	17位

勝負処

項目	ランク	値	順位
早仕掛率	B	0.6%	72位
遅仕掛率	B	0.4%	73位
進路傾向	外	-0.6	101位
モタレ率	A	0.7%	26位

不利全般

項目	ランク	値	順位
被不利率	C	4.5%	99位
躓き率	高	2.5%	105位
接触率	高	1.1%	87位
挟まり率	普	0.5%	41位
包まれ率	普	0.3%	76位
詰まり率	低	0.2%	7位

【西塚洸二】今後さらに伸びていく可能性が高い若手のホープ

オーソドックスな通常追いタイプ。同期では、今村聖奈・角田大河騎手が目立っており、初年度は10勝と結果を残すことができなかった。詳しいことは不明だが、素行不良の噂もあり、だから馬が集まりにくいのか。

しかしながら、騎乗フォームの値は若手のなかでは完全にトップクラス。とくに、ブレ度合いの数値は現役騎手のなかでも上位クラスにランクされる。鞭を使用する際に体幹がブレがちという課題はあるものの、状況に応じて鞭をガンガン打てるのは良い。

2024年に入ってキャリアハイの成績を挙げているが、シッティングプッシュに積極的にチャレンジしているようで、結果が出ているのにさらに変えていこうとする姿勢が見られる。これはまさに向上心の現れ。まだデビュー3年目なので、騎乗フォームの数値は今後さらに上がっていくだろう。

JRA非公式データからは、被不利率が高いのが課題。このあたりは、レース経験とともに解消されていく可能性もあるが、現状では多頭数のレースで勝負を避けるのが無難。不利を受けるリスクの少ない、前に行ける馬に騎乗する際に狙うのが得策となる。その他の値は及第点以上で、モタレ率の低さはなかなか優秀。やはり、この騎手の騎乗技術は高い。

ローカル参戦度も高く、ローカルならば騎乗フォームは既にトップクラス。それでいて減量特典があるので、今が絶好の狙い時といえる。もちろん減量特典が取れたあとも、騎乗フォーム値で上回る乗り替わりなら引き続き狙えるし、前述した通り向上心がありそうなので、個人的には今後さらに伸びていくと予想している。

VIP　通常追いのみの騎手

浜中　俊

生月	1988年12月25日
年齢	35歳
身長	163.8cm
体重	51.0kg

出遅れ率はS、逃げ先行馬は任せろ！

騎乗成績

	着度数	勝率	連対率	複勝率	馬質
2015年～	508- 517- 486-3266/4777	10.6%	21.5%	31.6%	A
2023年～	49- 40- 41- 329/ 459	10.7%	19.4%	28.3%	

騎乗フォーム解析

通常追い

前傾度合い			ブレ度合い			ムチ技術力	
B	15.7	25位	B	3.4	34位	C	普通

JRA非公式データ

スタート

項目	ランク	値	順位
出遅れ率	S	12.0%	12位
アオリ率	B	1.8%	80位
脚質傾向	前	0.3	15位
雁行逃げ率	普	11.2%	59位
Hペース率	低	7.5%	96位
マクリ率	高	5.8%	4位

道中

項目	ランク	値	順位
掛かり率	C	1.1%	99位
角ロス率	C	2.2%	89位
内回し率	普	45.7%	89位
外回し率	普	1.4%	57位

勝負処

項目	ランク	値	順位
早仕掛率	C	1.0%	105位
遅仕掛率	B	0.5%	75位
進路傾向	中	0.1	38位
モタレ率	C	1.8%	101位

不利全般

項目	ランク	値	順位
被不利率	A	2.9%	30位
躓き率	低	1.0%	24位
接触率	普	0.7%	42位
挟まり率	普	0.7%	71位
包まれ率	普	0.2%	64位
詰まり率	普	0.4%	46位

【浜中俊】輝きは失せるも、ウデは落ちていない元リーディング騎手

初年度は20勝にとどまるも、２年目に73勝と大躍進。その後も、比較的早い段階で重賞制覇にＧＩ制覇、年間１００勝達成、リーディング獲得と、順風満帆な騎手生活を送っていた。しかし近年は、若手騎手の台頭や外国人騎手の増加にともない、騎乗機会は減少。一気に目立たない存在になってしまった。

とくに印象を悪くしたのが、斜行した際に与えた被害が大きいこと。２０１６年のマイルＣＳで、ミッキーアイルで逃げ粘って勝利するも、最後の直線で外側に斜行し、４頭の進路を妨害。23日間の騎乗停止処分を受けることになったのは有名な話だ。

しかし当然ながら、技術力自体が衰えたわけではない。過剰人気しなくなってきたぶん、現在は逆に狙いやすい局面が増えてきている。前傾度合い・ブレ度合いもともに突出した値ではないものの、水準以上をキープしている。

Ｂランクながら、ともにＡランクに近いＢランクであり、現役騎手のなかでは上位層の騎乗フォーム技術を有していることがわかる。ローカルに参戦した際は、トップクラスの騎乗技術を活かし、乗り替わりで穴馬券を提供してくれることも多い。

ＪＲＡ公式データはＣランクの項目が多く、荒々しさが目立つ。そういった部分が斜行につながっているのかもしれない。スタートが上手いので、先行馬に騎乗した際が狙い目。また、荒々しさをカバーしやすい、少頭数での競馬で狙いやすい。この手のタイプは軸には向かないが、人気薄の馬に騎乗した際や、１着固定でのイチかバチか馬券で勝負する際には頼りになる。

ＶＩＰ　通常追いのみの騎手

松本大輝

生月	2002年10月11日
年齢	21歳
身長	176.0cm
体重	46.3kg

Bが多いが、いずれも平均以上の好バランス

騎乗成績

	着度数	勝率	連対率	複勝率	馬質
2015年～	64- 61- 72-1077/1274	5.0%	9.8%	15.5%	B
2023年～	14- 12- 18- 269/ 313	4.5%	8.3%	14.1%	

騎乗フォーム解析

通常追い

前傾度合い			ブレ度合い			ムチ技術力	
B	15.4	20位	B	2.9	26位	B	普通

JRA非公式データ

スタート

項目	ランク	値	順位
出遅れ率	B	16.7%	68位
アオリ率	C	2.4%	99位
脚質傾向	普	-0.1	59位
雁行逃げ率	高	8.7%	32位
Hペース率	普	3.8%	43位
マクリ率	低	0.7%	91位

道中

項目	ランク	値	順位
掛かり率	B	0.7%	71位
角ロス率	A	1.4%	38位
内回し率	普	49.4%	49位
外回し率	普	1.7%	82位

勝負処

項目	ランク	値	順位
早仕掛率	B	0.4%	45位
遅仕掛率	B	0.4%	66位
進路傾向	外	-0.3	87位
モタレ率	A	0.8%	32位

不利全般

項目	ランク	値	順位
被不利率	B	3.7%	80位
躓き率	低	0.9%	19位
接触率	普	0.7%	44位
挟まり率	高	1.4%	105位
包まれ率	普	0.2%	43位
詰まり率	普	0.6%	88位

【松本大輝】体幹がしっかりすれば、まだまだ伸びる長身ジョッキー

デビュー初年度は18勝と、まずまずの結果を残した。その後は、油断騎乗で2回も制裁を食らう大失態があったものの、2年目は32勝と順調に成績を伸ばしていく。しかし2023年は騎乗停止の影響もあり、年間9勝と大きなブレーキがかかってしまった。成績的には、ハッキリいって伸び悩んでいる現状である。

オーソドックスな通常追いタイプで、競馬学校卒業時はアイルランド大使特別賞を受賞するなど期待されていた。実際に、騎乗フォームは優秀な値を記録している。高身長で長い手足を使った追い方が特徴的。前傾姿勢度合い・ブレ度合い・ムチ技術力ともに水準以上で、騎乗フォームのバランスが取れており、若手のなかではトップクラスである。

前傾度合い・ブレ度合いともに、Aランクに近いBランクで、現役騎手全体でも上位の値。減量特典があることを考えれば、大きく重宝する騎手のひとりに数えられる。乗り替わりで大きく狙えるシチュエーションは多い。

176センチと騎手のなかでは高身長であり、このレベルは元騎手の武幸四郎調教師以来か。体重はかなり軽いので、相対的に体幹が劣るイメージ。体感がしっかりしてくればブレ度合いも改善される可能性が高く、まだまだ21歳と若い松本騎手の今後の伸びしろに期待できる。

JRA非公式データからは、アオリ率のみCランクだが、若手であることを考えれば及第点。とくにモタレ率の値が優秀でしっかりと追えるので、差し馬に騎乗した際はオススメだ。

ＶＩＰ　通常追いのみの騎手

松若風馬

生月	1995年9月4日
年齢	28歳
身長	151.0cm
体重	45.0kg

出遅れない、掛からない、不利を受けない

騎乗成績

	着度数	勝率	連対率	複勝率	馬質
2015年～	419- 424- 414-5138/6395	6.6%	13.2%	19.7%	B
2023年～	45- 58- 56- 626/ 785	5.7%	13.1%	20.3%	

騎乗フォーム解析

通常追い

前傾度合い			ブレ度合い			ムチ技術力	
B	18.5	45位	B	3.9	39位	B	多い

JRA非公式データ

スタート

項目	ランク	値	順位
出遅れ率	S	10.5%	5位
アオリ率	B	1.2%	46位
脚質傾向	普	0.2	25位
雁行逃げ率	普	10.8%	54位
Hペース率	普	4.7%	63位
マクリ率	普	1.9%	47位

道中

項目	ランク	値	順位
掛かり率	A	0.5%	44位
角ロス率	B	1.6%	52位
内回し率	普	53.1%	15位
外回し率	普	1.0%	16位

勝負処

項目	ランク	値	順位
早仕掛率	B	0.7%	89位
遅仕掛率	B	0.4%	49位
進路傾向	中	−0.2	72位
モタレ率	B	1.2%	77位

不利全般

項目	ランク	値	順位
被不利率	A	3.0%	32位
躓き率	普	1.1%	46位
接触率	低	0.5%	25位
挟まり率	高	1.0%	95位
包まれ率	普	0.2%	36位
詰まり率	低	0.2%	8位

【松若風馬】逃げ・先行馬とのコンビで真価を見せるスタート巧者

父が装蹄師という競馬関係者人脈を活かしてか、1年目から馬が集まり、初年度に47勝と大活躍。新人賞を受賞した。その後も、年間40～50勝を安定的に記録していたが、近年は若手騎手の台頭や外国人騎手の増加で少しずつ勝ち星を落としている。悪くはないが、突き抜けるには至っていない。そんな印象だ。

オーソドックスな通常追いタイプで、前傾姿勢度合い、ブレ度合い、鞭の技術力と突出した部分はないものの、すべてにおいて水準以上。フォームもバランスが取れており、とくに鞭をしっかり打てているのがいい。

一流騎手と比較するとさすがに差はあるが、ＪＲＡ非公式データのパラメーターを見るとCランクはひとつもなく、戦術力は総じて高い。ローカル開催や騎手レベルの低いレースで狙えるシチュエーションは、今後も多く発生するだろう。

快速馬のモズスーパーフレアとのコンビが印象的で、２０２０年の高松宮記念では1位に入線したクリノガウディーの降着による繰り上がりではあったものの、同馬を上手くエスコートして見事にＧＩ初勝利を達成した。

ＪＲＡ非公式データを確認してみると、実際にスタートは得意で、逃げ馬に騎乗する際には狙いやすいことをパラメーターが示している。欠点らしい欠点はとくになく、バランスが取れた騎手であり、技術力で上回る乗り替わりであればいつでも狙っていける。スタートが非常に上手いので、先行馬に騎乗する際に積極的に勝負すべきである。

VIP　通常追いのみの騎手

武藤　雅

生月	1998年1月10日
年齢	26歳
身長	155.6cm
体重	45.3kg

ブレもまずまず、勝負処も総合点高い

騎乗成績

	着度数	勝率	連対率	複勝率	馬質
2015年～	183- 206- 218-3076/3683	5.0%	10.6%	16.5%	B
2023年～	13- 16- 16- 365/ 410	3.2%	7.1%	11.0%	

騎乗フォーム解析

通常追い

前傾度合い			ブレ度合い			ムチ技術力	
B	15.8	27位	A	1.9	15位	C	少ない

JRA非公式データ

スタート

項目	ランク	値	順位
出遅れ率	B	17.1%	72位
アオリ率	A	0.8%	20位
脚質傾向	後	−0.2	67位
雁行逃げ率	普	10.3%	48位
Hペース率	普	3.7%	41位
マクリ率	低	0.8%	85位

道中

項目	ランク	値	順位
掛かり率	B	0.6%	56位
角ロス率	B	1.6%	51位
内回し率	普	46.2%	81位
外回し率	普	1.5%	70位

勝負処

項目	ランク	値	順位
早仕掛率	S	0.2%	13位
遅仕掛率	B	0.5%	84位
進路傾向	内	0.2	24位
モタレ率	B	1.0%	64位

不利全般

項目	ランク	値	順位
被不利率	B	3.4%	65位
躓き率	普	1.4%	74位
接触率	普	0.8%	61位
挟まり率	低	0.4%	17位
包まれ率	普	0.3%	75位
詰まり率	普	0.6%	86位

【武藤雅】ローカルの乗り替わりで狙える隠れ腕達者

オーソドックスな通常追いのタイプ。２０２３年は7勝でリーディング94位に終わったが、前傾度合いは通常追いの騎手のなかでは27位、ブレ度合いは15位と上位の技術力を持っている。鞭の頻度は少なく、鞭を打つ際にリズムを崩すことも多いが、基本的な騎乗フォームは非常に綺麗。一流騎手と比較すると騎乗フォームの数値は劣るものの、ローカルにいけばトップクラスで、少なくともリーディング94位のレベルではない。

重賞未勝利で地味な印象が強いタイプだけに人気を背負うシーンは少なく、追いかけていればオイシイ配当をもたらしてくれるだろう。

２０２２年末から２０２３年春にかけて、デビュー戦から騎乗していたモリアーナで重賞レースに挑戦。２番人気・３番人気・３番人気と上位に推されていたが、勝つことはできなかった。その後、横山典弘騎手に乗り替わって早々にGⅡを勝利したことからも、武藤雅騎手はまだまだと思われた方も多いはずである。

確かに、一流騎手が集まる中央場所の重賞では厳しい部分があるが、若手騎手が多いローカル開催であれば、乗り替わりで狙えるシチュエーションは多く発生する。

非公式データにCランクがひとつもないように、弱点の少ないタイプだということがわかる。競馬場・距離・トラックや、馬の脚質を問わず、技術力が上回る乗り替わりであれば、あらゆるシーンで狙いやすい。性格的にも大きな特色はなく、馬券的にはとても安定感のある騎手だ。

ＶＩＰ　通常追いのみの騎手

横山典弘

生月	1968年2月23日
年齢	56歳
身長	163.0cm
体重	49.0kg

前傾・ブレともSの技術力を誇るベテラン

騎乗成績

	着度数	勝率	連対率	複勝率	馬質
2015年～	415- 365- 347-2713/3840	10.8%	20.3%	29.3%	A
2023年～	42- 32- 46- 290/ 410	10.2%	18.0%	29.3%	

騎乗フォーム解析

通常追い

前傾度合い			ブレ度合い			ムチ技術力	
S	12.2	3位	S	0.8	6位	A	少ない

JRA非公式データ

スタート

項目	ランク	値	順位
出遅れ率	C	21.3%	100位
アオリ率	A	1.0%	29位
脚質傾向	普	−0.1	60位
雁行逃げ率	高	9.8%	40位
Hペース率	低	11.4%	104位
マクリ率	普	1.5%	57位

道中

項目	ランク	値	順位
掛かり率	B	0.7%	76位
角ロス率	A	1.2%	21位
内回し率	高	56.0%	6位
外回し率	普	1.7%	81位

勝負処

項目	ランク	値	順位
早仕掛率	S	0.2%	10位
遅仕掛率	B	0.4%	53位
進路傾向	中	−0.2	68位
モタレ率	S	0.6%	15位

不利全般

項目	ランク	値	順位
被不利率	S	2.3%	4位
躓き率	低	0.8%	7位
接触率	低	0.5%	19位
挟まり率	低	0.3%	9位
包まれ率	低	0.1%	18位
詰まり率	普	0.6%	82位

【横山典弘】JRA屈指の技術力を誇る頼れる大御所

オーソドックスな通常追いのタイプ。前傾度合い・ブレ度合いの値はともに非常に優秀で、JRAトップクラス。鞭に関しては、頻度が非常に少ない。ゴーサインや真っすぐ走らせるための矯正程度に使うことがほとんど。

鞭も決して下手なわけではないが、綺麗なフォームを維持した状態でちゃんと追って馬の脚を伸ばすことができる。馬に無理をさせない騎乗が目立つので、鞭ではなく馬としっかりとコンタクトを取ることを最重要視しているのだろう。

思い切った大逃げや、後方ポツンなど戦術面でのインパクトが強い騎手だが、基本的な技術力がとても高いのが最大のセールスポイント。リーディング上位騎手からの乗り替わりは、決してランクダウンではなく、むしろランクアップになることのほうが多い。それでいて、人気にならないので期待値的にもオイシイ。

奇襲作戦のイメージが強いせいか、過剰人気するケースはほとんど見受けられない。名の知れたジョッキーではあるものの、狙い所はたくさんある。

なお、思い切った先行策や大逃げのイメージが強いが、出遅れ率が非常に高く、道中は中団〜後方でじっと脚を溜めていることが多い。また、馬のリズムを重視するタイプなので、早仕掛けをすることはほとんどなく、仕掛け遅れることのほうが目立つ。

モタレ率が低いことからも、直線の長いコースに出走する差し馬こそ最大の狙い目。息子たちの活躍に目が行きがちだが、技術力の高さは健在だ。

通常追いのみの騎手

秋山稔樹

生月	2001年9月12日
年齢	22歳
身長	155.0cm
体重	45.0kg

道中～勝負処のアクションは良好

騎乗成績

	着度数	勝率	連対率	複勝率	馬質
2015年～	88- 86- 98-1668/1940	4.5%	9.0%	14.0%	C
2023年～	9- 14- 12- 382/ 417	2.2%	5.5%	8.4%	

騎乗フォーム解析

通常追い

前傾度合い			ブレ度合い			ムチ技術力	
C	20.7	61位	C	12.3	76位	C	普通

JRA非公式データ

スタート

項目	ランク	値	順位
出遅れ率	B	16.1%	60位
アオリ率	B	1.5%	61位
脚質傾向	後	−0.2	79位
雁行逃げ率	低	14.6%	86位
Hペース率	低	8.9%	100位
マクリ率	普	2.1%	42位

道中

項目	ランク	値	順位
掛かり率	A	0.5%	43位
角ロス率	C	2.2%	88位
内回し率	普	49.9%	43位
外回し率	普	1.2%	43位

勝負処

項目	ランク	値	順位
早仕掛率	B	0.5%	51位
遅仕掛率	B	0.3%	27位
進路傾向	中	−0.2	75位
モタレ率	B	1.0%	63位

不利全般

項目	ランク	値	順位
被不利率	C	4.1%	92位
躓き率	高	1.8%	99位
接触率	普	0.9%	71位
挟まり率	普	0.6%	68位
包まれ率	普	0.2%	42位
詰まり率	普	0.5%	69位

通常追いのみの騎手

池添謙一

生月	1979年7月23日
年齢	44歳
身長	162.0cm
体重	50.0kg

前傾は6位でS、被不利率もS

騎乗成績

	着度数	勝率	連対率	複勝率	馬質
2015年～	474- 431- 418-3540/4863	9.7%	18.6%	27.2%	C
2023年～	34- 42- 40- 363/ 479	7.1%	15.9%	24.2%	

騎乗フォーム解析

通常追い

前傾度合い			ブレ度合い			ムチ技術力	
S	12.9	6位	B	2.9	26位	B	少ない

JRA非公式データ

スタート

項目	ランク	値	順位
出遅れ率	C	18.1%	81位
アオリ率	C	2.1%	89位
脚質傾向	前	0.3	18位
雁行逃げ率	普	12.0%	67位
Hペース率	普	5.2%	71位
マクリ率	普	2.7%	31位

道中

項目	ランク	値	順位
掛かり率	B	0.9%	92位
角ロス率	C	2.3%	91位
内回し率	低	42.7%	99位
外回し率	高	2.1%	100位

勝負処

項目	ランク	値	順位
早仕掛率	B	0.5%	58位
遅仕掛率	B	0.4%	58位
進路傾向	内	0.2	19位
モタレ率	B	1.2%	76位

不利全般

項目	ランク	値	順位
被不利率	S	2.3%	6位
躓き率	低	1.0%	27位
接触率	低	0.5%	16位
挟まり率	低	0.4%	22位
包まれ率	低	0.1%	17位
詰まり率	低	0.3%	36位

通常追いのみの騎手

石川裕紀人

生月	1995年9月22日
年齢	28歳
身長	162.0cm
体重	50.0kg

スタート・道中・勝負処でA、Sゲット！

騎乗成績

	着度数	勝率	連対率	複勝率	馬質
2015年～	273- 288- 307-4140/5008	5.5%	11.2%	17.3%	B
2023年～	42- 57- 52- 541/ 692	6.1%	14.3%	21.8%	

騎乗フォーム解析

通常追い

前傾度合い			ブレ度合い			ムチ技術力	
C	22.4	72位	B	3.2	31位	B	多い

JRA非公式データ

スタート

項目	ランク	値	順位
出遅れ率	C	18.8%	85位
アオリ率	S	0.6%	11位
脚質傾向	普	0.2	26位
雁行逃げ率	普	12.1%	69位
Hペース率	普	3.2%	30位
マクリ率	普	1.2%	66位

道中

項目	ランク	値	順位
掛かり率	A	0.5%	48位
角ロス率	A	1.1%	18位
内回し率	普	50.1%	40位
外回し率	普	1.6%	77位

勝負処

項目	ランク	値	順位
早仕掛率	B	0.4%	49位
遅仕掛率	B	0.3%	40位
進路傾向	中	-0.1	56位
モタレ率	S	0.5%	11位

不利全般

項目	ランク	値	順位
被不利率	B	3.6%	75位
躓き率	普	1.3%	66位
接触率	普	1.0%	83位
挟まり率	普	0.7%	70位
包まれ率	普	0.2%	33位
詰まり率	普	0.4%	55位

通常追いのみの騎手

石橋　脩

生月	1984年4月3日
年齢	40歳
身長	166.0cm
体重	51.0kg

勝負処の進路傾向は内目を進み11位と高い

騎乗成績

	着度数	勝率	連対率	複勝率	馬質
2015年～	410- 394- 428-3681/4913	8.3%	16.4%	25.1%	B
2023年～	29- 52- 53- 486/ 620	4.7%	13.1%	21.6%	

騎乗フォーム解析

通常追い

前傾度合い			ブレ度合い			ムチ技術力	
B	15.8	27位	C	4.5	46位	B	普通

JRA非公式データ

スタート

項目	ランク	値	順位
出遅れ率	B	13.9%	36位
アオリ率	A	1.1%	33位
脚質傾向	前	0.3	19位
雁行逃げ率	低	14.8%	87位
Hペース率	普	3.7%	40位
マクリ率	高	4.0%	12位

道中

項目	ランク	値	順位
掛かり率	B	0.7%	73位
角ロス率	C	2.7%	100位
内回し率	普	45.4%	90位
外回し率	普	1.7%	83位

勝負処

項目	ランク	値	順位
早仕掛率	B	0.4%	43位
遅仕掛率	B	0.4%	54位
進路傾向	内	0.3	11位
モタレ率	A	0.7%	23位

不利全般

項目	ランク	値	順位
被不利率	B	3.2%	44位
躓き率	普	1.3%	62位
接触率	普	0.9%	72位
挟まり率	低	0.4%	25位
包まれ率	普	0.2%	30位
詰まり率	低	0.3%	32位

通常追いのみの騎手

泉谷楓真

生月	2001年12月18日
年齢	22歳
身長	167.0cm
体重	47.1kg

雁行逃げ率5位、掛かり率12位と高い

騎乗成績

着度数		勝率	連対率	複勝率	馬質
2015年～	94- 112- 123-1546/1875	5.0%	11.0%	17.5%	B
2023年～	15- 20- 20- 272/ 327	4.6%	10.7%	16.8%	

騎乗フォーム解析

通常追い

前傾度合い			ブレ度合い			ムチ技術力	
B	16.8	33位	C	9.9	71位	C	少ない

JRA非公式データ

スタート

項目	ランク	値	順位
出遅れ率	B	14.1%	39位
アオリ率	B	1.6%	65位
脚質傾向	後	−0.2	69位
雁行逃げ率	高	4.2%	5位
Hペース率	低	6.3%	90位
マクリ率	低	0.8%	86位

道中

項目	ランク	値	順位
掛かり率	A	0.3%	12位
角ロス率	C	2.1%	84位
内回し率	普	46.2%	80位
外回し率	普	1.3%	47位

勝負処

項目	ランク	値	順位
早仕掛率	B	0.6%	82位
遅仕掛率	B	0.4%	69位
進路傾向	中	−0.2	69位
モタレ率	C	1.5%	95位

不利全般

項目	ランク	値	順位
被不利率	B	3.5%	68位
躓き率	普	1.3%	58位
接触率	低	0.5%	20位
挟まり率	高	0.9%	91位
包まれ率	普	0.3%	89位
詰まり率	普	0.5%	75位

通常追いのみの騎手

伊藤工真

生月	1990年2月26日
年齢	34歳
身長	160.0cm
体重	50.0kg

戦術力高く、勝負処で2つのS評価

騎乗成績

	着度数	勝率	連対率	複勝率	馬質
2015年〜	39- 45- 51-1009/1144	3.4%	7.3%	11.8%	C
2023年〜	5- 3- 3- 95/ 106	4.7%	7.5%	10.4%	

騎乗フォーム解析

通常追い

前傾度合い			ブレ度合い			ムチ技術力	
B	18.9	50位	B	3.5	35位	B	少ない

JRA非公式データ

スタート

項目	ランク	値	順位
出遅れ率	C	20.9%	98位
アオリ率	A	0.9%	21位
脚質傾向	後	−0.4	93位
雁行逃げ率	低	15.0%	90位
Hペース率	高	2.5%	15位
マクリ率	低	0.6%	96位

道中

項目	ランク	値	順位
掛かり率	A	0.3%	16位
角ロス率	B	1.6%	50位
内回し率	普	50.1%	39位
外回し率	普	1.7%	78位

勝負処

項目	ランク	値	順位
早仕掛率	S	0.2%	4位
遅仕掛率	B	0.4%	72位
進路傾向	外	−0.4	94位
モタレ率	S	0.3%	2位

不利全般

項目	ランク	値	順位
被不利率	S	2.6%	11位
躓き率	低	0.8%	16位
接触率	普	1.0%	78位
挟まり率	低	0.2%	2位
包まれ率	普	0.2%	56位
詰まり率	普	0.4%	43位

通常追いのみの騎手

今村聖奈

生月	2003年11月28日
年齢	20歳
身長	158.5cm
体重	47.4kg

勝負処の進路傾向で3位ゲット！被不利率も好評価

騎乗成績

	着度数	勝率	連対率	複勝率	馬質
2015年～	77- 84- 83- 960/1204	6.4%	13.4%	20.3%	B
2023年～	26- 36- 41- 495/ 598	4.3%	10.4%	17.2%	

騎乗フォーム解析

通常追い

前傾度合い			ブレ度合い			ムチ技術力	
B	18.2	42位	C	7.7	63位	C	少ない

JRA非公式データ

スタート

項目	ランク	値	順位
出遅れ率	C	19.7%	92位
アオリ率	C	3.0%	105位
脚質傾向	後	−0.4	97位
雁行逃げ率	高	7.8%	22位
Hペース率	低	9.5%	103位
マクリ率	普	2.0%	44位

道中

項目	ランク	値	順位
掛かり率	A	0.4%	28位
角ロス率	C	2.7%	99位
内回し率	普	48.0%	64位
外回し率	普	1.4%	59位

勝負処

項目	ランク	値	順位
早仕掛率	B	0.7%	95位
遅仕掛率	A	0.2%	24位
進路傾向	内	0.6	3位
モタレ率	C	1.5%	96位

不利全般

項目	ランク	値	順位
被不利率	A	2.9%	21位
躓き率	普	1.1%	40位
接触率	普	0.7%	50位
挟まり率	普	0.5%	34位
包まれ率	普	0.2%	70位
詰まり率	低	0.3%	24位

通常追いのみの騎手

岩田望来

生月	2000年5月31日
年齢	23歳
身長	161.4cm
体重	52.0kg

ブレ度合い11位、出遅れ率9位は立派

騎乗成績

	着度数	勝率	連対率	複勝率	馬質
2015年～	447- 410- 413-2870/4140	10.8%	20.7%	30.7%	A
2023年～	143- 123- 126- 761/1153	12.4%	23.1%	34.0%	

騎乗フォーム解析

通常追い

前傾度合い			ブレ度合い			ムチ技術力	
C	22.0	69位	A	1.3	11位	B	多い

JRA非公式データ

スタート

項目	ランク	値	順位
出遅れ率	S	11.7%	9位
アオリ率	C	2.0%	85位
脚質傾向	前	0.5	9位
雁行逃げ率	高	6.3%	14位
Hペース率	普	3.5%	37位
マクリ率	普	1.6%	53位

道中

項目	ランク	値	順位
掛かり率	C	1.1%	98位
角ロス率	A	1.4%	41位
内回し率	普	45.1%	92位
外回し率	普	1.4%	62位

勝負処

項目	ランク	値	順位
早仕掛率	A	0.3%	17位
遅仕掛率	B	0.4%	51位
進路傾向	中	−0.1	53位
モタレ率	B	1.0%	58位

不利全般

項目	ランク	値	順位
被不利率	B	3.4%	60位
躓き率	普	1.2%	54位
接触率	低	0.6%	36位
挟まり率	高	0.8%	90位
包まれ率	普	0.3%	95位
詰まり率	普	0.4%	48位

通常追いのみの騎手

内田博幸

生月	1970年7月26日
年齢	53歳
身長	155.0cm
体重	49.0kg

勝負処は高ポイント、モタレ率はS評価

騎乗成績

	着度数	勝率	連対率	複勝率	馬質
2015年～	503- 518- 509-5489/7019	7.2%	14.5%	21.8%	B
2023年～	33- 39- 46- 599/ 717	4.6%	10.0%	16.5%	

騎乗フォーム解析

通常追い

前傾度合い			ブレ度合い			ムチ技術力	
C	22.5	74位	B	2.9	26位	B	普通

JRA非公式データ

スタート

項目	ランク	値	順位
出遅れ率	C	20.0%	94位
アオリ率	A	0.8%	19位
脚質傾向	普	−0.1	65位
雁行逃げ率	普	11.3%	62位
Hペース率	普	3.1%	29位
マクリ率	普	3.1%	26位

道中

項目	ランク	値	順位
掛かり率	B	0.6%	49位
角ロス率	C	2.1%	85位
内回し率	低	44.3%	97位
外回し率	普	1.3%	50位

勝負処

項目	ランク	値	順位
早仕掛率	A	0.3%	29位
遅仕掛率	B	0.4%	59位
進路傾向	内	0.3	12位
モタレ率	S	0.6%	18位

不利全般

項目	ランク	値	順位
被不利率	B	3.7%	78位
躓き率	普	1.1%	47位
接触率	普	0.9%	69位
挟まり率	普	0.6%	61位
包まれ率	普	0.3%	86位
詰まり率	高	0.7%	99位

通常追いのみの騎手

江田照男

生月	1972年2月8日
年齢	52歳
身長	156.0cm
体重	49.0kg

非公式データでは4つの一桁順位をマーク

騎乗成績

	着度数	勝率	連対率	複勝率	馬質
2015年～	144- 166- 182-4173/4665	3.1%	6.6%	10.5%	B
2023年～	4- 12- 12- 286/ 314	1.3%	5.1%	8.9%	

騎乗フォーム解析

通常追い

前傾度合い			ブレ度合い			ムチ技術力	
B	15.5	23位	C	8.0	66位	C	普通

JRA非公式データ

スタート

項目	ランク	値	順位
出遅れ率	C	19.8%	93位
アオリ率	S	0.5%	5位
脚質傾向	後	−0.2	74位
雁行逃げ率	低	16.0%	97位
Hペース率	普	5.7%	80位
マクリ率	普	1.0%	76位

道中

項目	ランク	値	順位
掛かり率	A	0.4%	30位
角ロス率	S	0.8%	4位
内回し率	普	50.0%	41位
外回し率	普	1.3%	49位

勝負処

項目	ランク	値	順位
早仕掛率	B	0.4%	38位
遅仕掛率	A	0.2%	13位
進路傾向	中	−0.2	60位
モタレ率	S	0.5%	7位

不利全般

項目	ランク	値	順位
被不利率	A	2.9%	27位
躓き率	低	0.8%	13位
接触率	高	1.2%	92位
挟まり率	低	0.3%	8位
包まれ率	低	0.1%	14位
詰まり率	普	0.5%	62位

通常追いのみの騎手

大野拓弥

生月	1986年9月8日
年齢	37歳
身長	162.1cm
体重	46.5kg

アオリ率・早仕掛率ともにS評価

騎乗成績

	着度数	勝率	連対率	複勝率	馬質
2015年～	419- 474- 552-5271/6716	6.2%	13.3%	21.5%	B
2023年～	43- 47- 54- 602/ 746	5.8%	12.1%	19.3%	

騎乗フォーム解析

通常追い

前傾度合い			ブレ度合い			ムチ技術力	
C	19.5	55位	C	5.7	56位	B	普通

JRA非公式データ

スタート

項目	ランク	値	順位
出遅れ率	C	18.7%	84位
アオリ率	S	0.7%	17位
脚質傾向	普	−0.1	61位
雁行逃げ率	低	14.0%	84位
Hペース率	普	3.3%	33位
マクリ率	低	0.9%	78位

道中

項目	ランク	値	順位
掛かり率	A	0.3%	14位
角ロス率	A	1.1%	16位
内回し率	普	49.7%	46位
外回し率	普	1.6%	74位

勝負処

項目	ランク	値	順位
早仕掛率	S	0.2%	3位
遅仕掛率	B	0.6%	92位
進路傾向	中	−0.2	63位
モタレ率	A	0.8%	38位

不利全般

項目	ランク	値	順位
被不利率	B	3.3%	53位
躓き率	低	0.9%	20位
接触率	普	0.8%	62位
挟まり率	低	0.4%	18位
包まれ率	普	0.3%	100位
詰まり率	高	0.8%	103位

シッティングプッシュのみの騎手

荻野 極

生月	1997年9月23日
年齢	26歳
身長	161.0cm
体重	50.0kg

ブレ度合いは11位の高評価も、鞭に難点

騎乗成績

	着度数	勝率	連対率	複勝率	馬質
2015年〜	200- 188- 212-3061/3661	5.5%	10.6%	16.4%	B
2023年〜	24- 18- 19- 364/ 425	5.6%	9.9%	14.4%	

騎乗フォーム解析

シッティングプッシュ

前傾度合い			ブレ度合い			ムチ技術力	
B	19.1	23位	B	4.2	11位	C	多い

JRA非公式データ

スタート

項目	ランク	値	順位
出遅れ率	B	13.9%	35位
アオリ率	B	1.2%	47位
脚質傾向	普	0.2	30位
雁行逃げ率	普	10.0%	43位
Hペース率	低	6.3%	91位
マクリ率	普	1.4%	59位

道中

項目	ランク	値	順位
掛かり率	A	0.5%	35位
角ロス率	B	1.7%	60位
内回し率	普	45.3%	91位
外回し率	高	1.9%	94位

勝負処

項目	ランク	値	順位
早仕掛率	B	0.6%	77位
遅仕掛率	B	0.4%	71位
進路傾向	中	0.0	40位
モタレ率	B	0.9%	50位

不利全般

項目	ランク	値	順位
被不利率	C	3.9%	83位
躓き率	普	1.3%	57位
接触率	普	0.7%	40位
挟まり率	高	1.2%	104位
包まれ率	普	0.2%	58位
詰まり率	普	0.5%	67位

通常追いのみの騎手

小沢大仁

生月	2003年1月4日
年齢	21歳
身長	156.5cm
体重	44.3kg

勝負処ではAランクを2つゲット！

騎乗成績

	着度数	勝率	連対率	複勝率	馬質
2015年～	77- 80- 83-1515/1755	4.4%	8.9%	13.7%	B
2023年～	20- 19- 25- 501/ 565	3.5%	6.9%	11.3%	

騎乗フォーム解析

通常追い

前傾度合い			ブレ度合い			ムチ技術力	
B	18.7	46位	C	5.9	57位	C	少ない

JRA非公式データ

スタート

項目	ランク	値	順位
出遅れ率	A	12.4%	20位
アオリ率	B	1.5%	59位
脚質傾向	普	0.0	47位
雁行逃げ率	高	6.1%	10位
Hペース率	低	6.1%	87位
マクリ率	普	1.9%	46位

道中

項目	ランク	値	順位
掛かり率	B	0.7%	78位
角ロス率	B	1.7%	59位
内回し率	普	47.0%	73位
外回し率	普	1.4%	62位

勝負処

項目	ランク	値	順位
早仕掛率	A	0.3%	26位
遅仕掛率	B	0.5%	74位
進路傾向	外	−0.5	97位
モタレ率	A	0.8%	33位

不利全般

項目	ランク	値	順位
被不利率	C	4.0%	89位
躓き率	高	2.1%	102位
接触率	低	0.5%	14位
挟まり率	普	0.5%	38位
包まれ率	普	0.3%	82位
詰まり率	普	0.6%	89位

シッティングプッシュのみの騎手

亀田温心

生月	2001年2月4日
年齢	23歳
身長	164.7cm
体重	46.9kg

前傾度合いが7位＝Sランクで突出

騎乗成績

	着度数	勝率	連対率	複勝率	馬質
2015年〜	117- 127- 129-1998/2371	4.9%	10.3%	15.7%	B
2023年〜	18- 21- 19- 255/ 313	5.8%	12.5%	18.5%	

騎乗フォーム解析

シッティングプッシュ

前傾度合い			ブレ度合い			ムチ技術力	
S	16.0	7位	C	5.5	20位	C	普通

JRA非公式データ

スタート

項目	ランク	値	順位
出遅れ率	C	18.9%	86位
アオリ率	C	2.2%	93位
脚質傾向	後	-0.3	82位
雁行逃げ率	高	7.9%	24位
Hペース率	普	4.2%	53位
マクリ率	低	0.7%	92位

道中

項目	ランク	値	順位
掛かり率	B	0.6%	60位
角ロス率	B	2.0%	74位
内回し率	普	46.5%	76位
外回し率	高	1.9%	91位

勝負処

項目	ランク	値	順位
早仕掛率	B	0.5%	60位
遅仕掛率	B	0.3%	45位
進路傾向	中	0.1	39位
モタレ率	B	1.0%	62位

不利全般

項目	ランク	値	順位
被不利率	B	3.3%	58位
躓き率	低	1.0%	30位
接触率	普	0.8%	56位
挟まり率	高	0.8%	85位
包まれ率	普	0.3%	72位
詰まり率	普	0.5%	70位

通常追い＋シッティングプッシュの騎手

川須栄彦

生月	1991年11月9日
年齢	32歳
身長	159.0cm
体重	51.0kg

フォームではシッティングプッシュに軍配

騎乗成績

	着度数	勝率	連対率	複勝率	馬質
2015年～	150- 174- 180-2949/3453	4.3%	9.4%	14.6%	B
2023年～	6- 20- 10- 306/ 342	1.8%	7.6%	10.5%	

騎乗フォーム解析

通常追い

前傾度合い			ブレ度合い			ムチ技術力	
C	19.3	54位	C	4.9	51位	B	多い

シッティングプッシュ

前傾度合い			ブレ度合い			ムチ技術力	
A	17.0	10位	C	6.1	26位	B	多い

JRA非公式データ

スタート

項目	ランク	値	順位
出遅れ率	A	12.5%	22位
アオリ率	C	2.2%	94位
脚質傾向	普	0.1	33位
雁行逃げ率	高	7.6%	20位
Hペース率	普	5.8%	81位
マクリ率	普	1.0%	75位

道中

項目	ランク	値	順位
掛かり率	A	0.4%	25位
角ロス率	B	2.0%	77位
内回し率	普	50.2%	35位
外回し率	普	1.1%	26位

勝負処

項目	ランク	値	順位
早仕掛率	A	0.3%	16位
遅仕掛率	B	0.4%	60位
進路傾向	外	−0.3	85位
モタレ率	B	1.3%	87位

不利全般

項目	ランク	値	順位
被不利率	S	2.7%	14位
躓き率	低	0.9%	21位
接触率	低	0.6%	30位
挟まり率	普	0.6%	45位
包まれ率	普	0.2%	54位
詰まり率	普	0.4%	54位

通常追い＋シッティングプッシュの騎手

川田将雅

生月	1985年10月15日
年齢	38歳
身長	159.0cm
体重	51.0kg

さすがにフォームは一級品！馬質もSとくれば……

騎乗成績

	着度数	勝率	連対率	複勝率	馬質
2015年～	1219- 863- 647-2644/5373	22.7%	38.7%	50.8%	S
2023年～	201- 116- 78- 251/ 646	31.1%	49.1%	61.1%	

騎乗フォーム解析

通常追い

前傾度合い			ブレ度合い			ムチ技術力	
S	12.6	5位	S	0.7	5位	S	多い

シッティングプッシュ

前傾度合い			ブレ度合い			ムチ技術力	
B	20.2	26位	S	1.1	1位	S	多い

JRA非公式データ

スタート

項目	ランク	値	順位
出遅れ率	S	10.3%	3位
アオリ率	B	1.7%	74位
脚質傾向	前	1.5	1位
雁行逃げ率	普	10.2%	45位
Hペース率	低	6.0%	85位
マクリ率	高	6.5%	3位

道中

項目	ランク	値	順位
掛かり率	B	0.7%	67位
角ロス率	S	0.9%	7位
内回し率	普	45.8%	86位
外回し率	普	0.9%	13位

勝負処

項目	ランク	値	順位
早仕掛率	A	0.3%	21位
遅仕掛率	A	0.2%	9位
進路傾向	中	-0.3	82位
モタレ率	B	0.9%	46位

不利全般

項目	ランク	値	順位
被不利率	A	2.9%	29位
躓き率	低	1.0%	34位
接触率	普	0.7%	53位
挟まり率	普	0.6%	60位
包まれ率	普	0.2%	62位
詰まり率	低	0.3%	37位

シッティングプッシュのみの騎手

川端海翼

生月	2003年9月18日
年齢	20歳
身長	162.5cm
体重	46.4kg

掛かり率は6位＝Sランクの大健闘

騎乗成績

	着度数	勝率	連対率	複勝率	馬質
2015年～	9- 8- 12- 331/ 360	2.5%	4.7%	8.1%	C
2023年～	8- 8- 7- 239/ 262	3.1%	6.1%	8.8%	

騎乗フォーム解析

シッティングプッシュ

前傾度合い			ブレ度合い			ムチ技術力	
C	27.8	38位	C	5.1	16位	C	多い

JRA非公式データ

スタート

項目	ランク	値	順位
出遅れ率	B	16.7%	67位
アオリ率	C	2.5%	102位
脚質傾向	後	−0.4	99位
雁行逃げ率	高	6.3%	14位
Hペース率	低	6.3%	90位
マクリ率	普	3.3%	19位

道中

項目	ランク	値	順位
掛かり率	S	0.3%	6位
角ロス率	C	3.1%	104位
内回し率	普	53.1%	17位
外回し率	低	0.8%	9位

勝負処

項目	ランク	値	順位
早仕掛率	A	0.3%	20位
遅仕掛率	C	4.7%	107位
進路傾向	中	−0.3	81位
モタレ率	C	1.9%	103位

不利全般

項目	ランク	値	順位
被不利率	C	4.6%	101位
躓き率	高	2.2%	103位
接触率	高	1.1%	85位
挟まり率	高	1.0%	97位
包まれ率	普	0.2%	32位
詰まり率	低	0.2%	5位

通常追いのみの騎手

河原田菜奈

生月	2004年11月13日
年齢	19歳
身長	158.1cm
体重	47.2kg

挟まり率は1位で突出、被不利率もAランク

騎乗成績

	着度数	勝率	連対率	複勝率	馬質
2015年～	15- 17- 22- 408/ 462	3.2%	6.9%	11.7%	C
2023年～	15- 17- 22- 408/ 462	3.2%	6.9%	11.7%	

騎乗フォーム解析

通常追い

前傾度合い			ブレ度合い			ムチ技術力	
C	21.4	66位	C	5.0	52位	B	普通

JRA非公式データ

スタート

項目	ランク	値	順位
出遅れ率	B	16.9%	71位
アオリ率	C	2.2%	92位
脚質傾向	後	−0.3	87位
雁行逃げ率	普	10.7%	53位
Hペース率	低	25.0%	107位
マクリ率	低	0.0%	107位

道中

項目	ランク	値	順位
掛かり率	B	0.6%	66位
角ロス率	A	1.3%	31位
内回し率	普	50.2%	36位
外回し率	低	0.4%	3位

勝負処

項目	ランク	値	順位
早仕掛率	C	0.9%	100位
遅仕掛率	A	0.2%	15位
進路傾向	中	−0.3	80位
モタレ率	B	1.1%	68位

不利全般

項目	ランク	値	順位
被不利率	A	3.0%	33位
躓き率	普	1.4%	78位
接触率	普	0.7%	39位
挟まり率	低	0.1%	1位
包まれ率	低	0.1%	20位
詰まり率	普	0.6%	93位

シッティングプッシュのみの騎手

菊沢一樹

生月	1997年8月27日
年齢	26歳
身長	159.5cm
体重	46.7kg

アオリ率Sを筆頭に、戦術面では好評価

騎乗成績

	着度数	勝率	連対率	複勝率	馬質
2015年～	131- 154- 216-3331/3832	3.4%	7.4%	13.1%	C
2023年～	20- 30- 42- 500/ 592	3.4%	8.4%	15.5%	

騎乗フォーム解析

シッティングプッシュ

前傾度合い			ブレ度合い			ムチ技術力	
A	19.0	22位	C	8.7	36位	C	普通

JRA非公式データ

スタート

項目	ランク	値	順位
出遅れ率	C	17.7%	77位
アオリ率	S	0.7%	16位
脚質傾向	後	−0.2	73位
雁行逃げ率	普	13.4%	78位
Hペース率	普	3.1%	26位
マクリ率	低	0.5%	98位

道中

項目	ランク	値	順位
掛かり率	A	0.4%	20位
角ロス率	A	1.2%	23位
内回し率	高	53.7%	11位
外回し率	普	1.0%	19位

勝負処

項目	ランク	値	順位
早仕掛率	A	0.3%	33位
遅仕掛率	A	0.2%	11位
進路傾向	外	−0.4	93位
モタレ率	B	1.3%	85位

不利全般

項目	ランク	値	順位
被不利率	B	3.7%	79位
躓き率	高	1.6%	91位
接触率	普	0.9%	63位
挟まり率	普	0.6%	66位
包まれ率	普	0.2%	28位
詰まり率	普	0.5%	58位

通常追いのみの騎手

北村宏司

生月	1980年7月24日
年齢	43歳
身長	158.0cm
体重	50.0kg

前傾度合いは8位、勝負処でもポイントゲット！

騎乗成績

	着度数	勝率	連対率	複勝率	馬質
2015年～	357- 348- 369-3683/4757	7.5%	14.8%	22.6%	B
2023年～	42- 32- 47- 457/ 578	7.3%	12.8%	20.9%	

騎乗フォーム解析

通常追い

前傾度合い			ブレ度合い			ムチ技術力	
A	14.0	8位	C	5.3	54位	B	普通

JRA非公式データ

スタート

項目	ランク	値	順位
出遅れ率	B	16.2%	61位
アオリ率	S	0.5%	7位
脚質傾向	普	0.1	35位
雁行逃げ率	普	13.9%	83位
Hペース率	普	4.1%	49位
マクリ率	普	1.3%	64位

道中

項目	ランク	値	順位
掛かり率	B	0.6%	57位
角ロス率	A	1.4%	42位
内回し率	普	46.2%	79位
外回し率	普	1.2%	31位

勝負処

項目	ランク	値	順位
早仕掛率	A	0.3%	19位
遅仕掛率	B	0.6%	90位
進路傾向	中	0.1	33位
モタレ率	S	0.6%	19位

不利全般

項目	ランク	値	順位
被不利率	C	4.1%	91位
躓き率	普	1.1%	43位
接触率	高	1.4%	101位
挟まり率	普	0.5%	39位
包まれ率	普	0.3%	97位
詰まり率	高	0.7%	97位

通常追いのみの騎手

北村友一

生月	1986年10月3日
年齢	37歳
身長	164.5cm
体重	51.0kg

非公式データでAランク評価はたったひとつ……

騎乗成績

	着度数	勝率	連対率	複勝率	馬質
2015年～	457- 452- 460-3410/4779	9.6%	19.0%	28.6%	A
2023年～	50- 49- 47- 442/ 588	8.5%	16.8%	24.8%	

騎乗フォーム解析

通常追い

前傾度合い			ブレ度合い			ムチ技術力	
C	19.2	52位	C	6.2	59位	B	普通

JRA非公式データ

スタート

項目	ランク	値	順位
出遅れ率	B	13.9%	34位
アオリ率	B	1.7%	73位
脚質傾向	普	0.1	42位
雁行逃げ率	普	13.7%	80位
Hペース率	低	8.0%	98位
マクリ率	普	3.7%	14位

道中

項目	ランク	値	順位
掛かり率	B	0.6%	65位
角ロス率	A	1.2%	24位
内回し率	普	52.2%	21位
外回し率	普	1.6%	75位

勝負処

項目	ランク	値	順位
早仕掛率	B	0.6%	68位
遅仕掛率	C	0.8%	103位
進路傾向	外	−0.5	95位
モタレ率	B	0.9%	40位

不利全般

項目	ランク	値	順位
被不利率	B	3.3%	56位
躓き率	低	1.0%	35位
接触率	低	0.5%	15位
挟まり率	高	0.9%	94位
包まれ率	高	0.4%	101位
詰まり率	普	0.6%	81位

通常追いのみの騎手

国分恭介

生月	1990年12月27日
年齢	33歳
身長	166.0cm
体重	52.0kg

前傾・鞭はB、あとはAランク評価ひとつ

騎乗成績

	着度数	勝率	連対率	複勝率	馬質
2015年～	146- 175- 244-3187/3752	3.9%	8.6%	15.1%	C
2023年～	19- 17- 20- 362/ 418	4.5%	8.6%	13.4%	

騎乗フォーム解析

通常追い

前傾度合い			ブレ度合い			ムチ技術力	
B	17.8	37位	C	4.2	43位	B	普通

JRA非公式データ

スタート

項目	ランク	値	順位
出遅れ率	B	17.1%	73位
アオリ率	C	2.6%	103位
脚質傾向	後	-0.4	98位
雁行逃げ率	普	10.7%	53位
Hペース率	普	4.0%	46位
マクリ率	普	2.3%	37位

道中

項目	ランク	値	順位
掛かり率	B	0.6%	63位
角ロス率	C	2.1%	83位
内回し率	普	48.9%	55位
外回し率	普	1.1%	21位

勝負処

項目	ランク	値	順位
早仕掛率	B	0.7%	85位
遅仕掛率	B	0.3%	41位
進路傾向	内	0.2	29位
モタレ率	B	0.9%	41位

不利全般

項目	ランク	値	順位
被不利率	A	2.9%	23位
躓き率	普	1.1%	44位
接触率	低	0.5%	23位
挟まり率	高	0.8%	81位
包まれ率	普	0.2%	45位
詰まり率	低	0.2%	10位

通常追いのみの騎手

国分優作

生月	1990年12月27日
年齢	33歳
身長	167.5cm
体重	52.0kg

被不利率1位、包まれ率1位の二冠！

騎乗成績

	着度数	勝率	連対率	複勝率	馬質
2015年～	101- 127- 192-3218/3638	2.8%	6.3%	11.5%	C
2023年～	8- 10- 14- 325/ 357	2.2%	5.0%	9.0%	

騎乗フォーム解析

通常追い

前傾度合い			ブレ度合い			ムチ技術力	
B	16.4	32位	B	3.2	31位	C	多い

JRA非公式データ

スタート

項目	ランク	値	順位
出遅れ率	B	16.6%	65位
アオリ率	B	1.8%	79位
脚質傾向	後	−0.4	94位
雁行逃げ率	高	8.4%	29位
Hペース率	低	7.0%	95位
マクリ率	普	1.2%	71位

道中

項目	ランク	値	順位
掛かり率	A	0.5%	36位
角ロス率	B	1.7%	61位
内回し率	普	49.0%	53位
外回し率	普	0.9%	14位

勝負処

項目	ランク	値	順位
早仕掛率	A	0.3%	30位
遅仕掛率	A	0.2%	22位
進路傾向	中	0.0	47位
モタレ率	B	1.0%	54位

不利全般

項目	ランク	値	順位
被不利率	S	1.8%	1位
躓き率	低	0.7%	5位
接触率	低	0.4%	2位
挟まり率	低	0.4%	26位
包まれ率	低	0.0%	1位
詰まり率	低	0.3%	33位

通常追いのみの騎手

小林美駒

生月	2005年3月19日
年齢	19歳
身長	153.0cm
体重	46.1kg

キャリア2年目ながら内回し率5位、詰まり率3位

騎乗成績

	着度数	勝率	連対率	複勝率	馬質
2015年～	18- 21- 27- 329/ 395	4.6%	9.9%	16.7%	B
2023年～	18- 21- 27- 329/ 395	4.6%	9.9%	16.7%	

騎乗フォーム解析

通常追い

前傾度合い			ブレ度合い			ムチ技術力	
B	17.8	37位	C	11.0	74位	C	多い

JRA非公式データ

スタート

項目	ランク	値	順位
出遅れ率	B	14.4%	45位
アオリ率	B	1.3%	51位
脚質傾向	普	−0.1	56位
雁行逃げ率	高	6.3%	14位
Hペース率	普	4.2%	52位
マクリ率	低	0.7%	94位

道中

項目	ランク	値	順位
掛かり率	B	0.8%	83位
角ロス率	C	2.3%	90位
内回し率	高	58.2%	5位
外回し率	高	2.5%	106位

勝負処

項目	ランク	値	順位
早仕掛率	C	1.3%	107位
遅仕掛率	B	0.5%	81位
進路傾向	中	−0.3	76位
モタレ率	B	1.3%	86位

不利全般

項目	ランク	値	順位
被不利率	C	4.6%	100位
躓き率	普	1.1%	37位
接触率	高	1.5%	106位
挟まり率	高	1.7%	107位
包まれ率	普	0.2%	27位
詰まり率	低	0.2%	3位

通常追いのみの騎手

小林凌大

生月	2001年2月20日
年齢	23歳
身長	164.5cm
体重	47.3kg

モタレ率4位＝Sランクが光る

騎乗成績

	着度数	勝率	連対率	複勝率	馬質
2015年～	50- 58- 74-1441/1623	3.1%	6.7%	11.2%	C
2023年～	13- 12- 15- 302/ 342	3.8%	7.3%	11.7%	

騎乗フォーム解析

通常追い

前傾度合い			ブレ度合い			ムチ技術力	
C	20.7	61位	C	8.0	66位	C	普通

JRA非公式データ

スタート

項目	ランク	値	順位
出遅れ率	C	19.0%	88位
アオリ率	B	1.2%	48位
脚質傾向	後	−0.4	96位
雁行逃げ率	普	13.0%	75位
Hペース率	高	0.9%	5位
マクリ率	普	1.7%	51位

道中

項目	ランク	値	順位
掛かり率	A	0.4%	31位
角ロス率	B	1.8%	65位
内回し率	普	48.5%	59位
外回し率	普	1.2%	34位

勝負処

項目	ランク	値	順位
早仕掛率	B	0.5%	57位
遅仕掛率	B	0.4%	57位
進路傾向	外	−0.3	88位
モタレ率	S	0.4%	4位

不利全般

項目	ランク	値	順位
被不利率	B	3.3%	55位
躓き率	普	1.3%	67位
接触率	高	1.1%	84位
挟まり率	普	0.5%	40位
包まれ率	低	0.1%	11位
詰まり率	低	0.3%	21位

シッティングプッシュのみの騎手

木幡巧也

生月	1996年5月9日
年齢	27歳
身長	159.8cm
体重	46.6kg

前傾度合い14.0＝1位＝Sランク！

騎乗成績

	着度数	勝率	連対率	複勝率	馬質
2015年〜	214- 268- 296-4230/5008	4.3%	9.6%	15.5%	B
2023年〜	25- 35- 45- 685/ 790	3.2%	7.6%	13.3%	

騎乗フォーム解析

シッティングプッシュ

前傾度合い			ブレ度合い			ムチ技術力	
S	14.0	1位	C	5.9	23位	B	普通

JRA非公式データ

スタート

項目	ランク	値	順位
出遅れ率	B	15.4%	54位
アオリ率	A	0.9%	22位
脚質傾向	普	0.2	23位
雁行逃げ率	低	18.1%	101位
Hペース率	普	4.0%	45位
マクリ率	普	1.2%	69位

道中

項目	ランク	値	順位
掛かり率	A	0.4%	29位
角ロス率	A	1.3%	33位
内回し率	普	45.7%	88位
外回し率	普	1.5%	66位

勝負処

項目	ランク	値	順位
早仕掛率	B	0.4%	49位
遅仕掛率	S	0.1%	3位
進路傾向	中	0.0	48位
モタレ率	A	0.7%	24位

不利全般

項目	ランク	値	順位
被不利率	C	3.8%	81位
躓き率	普	1.4%	81位
接触率	高	1.3%	96位
挟まり率	普	0.6%	57位
包まれ率	普	0.2%	51位
詰まり率	低	0.3%	30位

シッティングプッシュのみの騎手

木幡初也

生月	1995年4月7日
年齢	29歳
身長	155.3cm
体重	47.2kg

戦術力に直結！非公式データでSランク4つ

騎乗成績

	着度数	勝率	連対率	複勝率	馬質
2015年～	75- 101- 113-2343/2632	2.8%	6.7%	11.0%	C
2023年～	6- 3- 18- 159/ 186	3.2%	4.8%	14.5%	

騎乗フォーム解析

シッティングプッシュ

前傾度合い			ブレ度合い			ムチ技術力	
B	21.0	30位	C	9.1	37位	B	普通

JRA非公式データ

スタート

項目	ランク	値	順位
出遅れ率	B	14.4%	44位
アオリ率	S	0.5%	8位
脚質傾向	普	−0.1	64位
雁行逃げ率	低	18.2%	102位
Hペース率	高	2.7%	18位
マクリ率	低	0.5%	100位

道中

項目	ランク	値	順位
掛かり率	S	0.0%	1位
角ロス率	S	0.8%	2位
内回し率	普	51.7%	26位
外回し率	普	1.2%	35位

勝負処

項目	ランク	値	順位
早仕掛率	A	0.3%	34位
遅仕掛率	B	0.3%	30位
進路傾向	外	−0.3	86位
モタレ率	S	0.6%	14位

不利全般

項目	ランク	値	順位
被不利率	B	3.2%	47位
躓き率	普	1.5%	83位
接触率	普	1.0%	80位
挟まり率	低	0.3%	12位
包まれ率	低	0.0%	3位
詰まり率	低	0.3%	34位

通常追い＋シッティングプッシュの騎手

斎藤　新

生月	2001年2月9日
年齢	23歳
身長	164.6cm
体重	47.2kg

シッティングプッシュの前傾はAランク

騎乗成績

	着度数	勝率	連対率	複勝率	馬質
2015年～	190- 191- 200-2539/3120	6.1%	12.2%	18.6%	B
2023年～	44- 37- 43- 522/ 646	6.8%	12.5%	19.2%	

騎乗フォーム解析

通常追い

前傾度合い			ブレ度合い			ムチ技術力	
C	20.8	63位	C	6.1	58位	B	普通

シッティングプッシュ

前傾度合い			ブレ度合い			ムチ技術力	
A	18.4	18位	C	14.6	39位	B	普通

JRA非公式データ

スタート

項目	ランク	値	順位
出遅れ率	A	12.5%	21位
アオリ率	C	2.0%	84位
脚質傾向	普	0.1	31位
雁行逃げ率	高	6.6%	16位
Hペース率	普	4.3%	56位
マクリ率	高	4.0%	13位

道中

項目	ランク	値	順位
掛かり率	A	0.5%	38位
角ロス率	C	2.4%	93位
内回し率	普	50.4%	34位
外回し率	普	1.5%	68位

勝負処

項目	ランク	値	順位
早仕掛率	B	0.6%	80位
遅仕掛率	B	0.4%	47位
進路傾向	中	−0.2	62位
モタレ率	B	1.0%	53位

不利全般

項目	ランク	値	順位
被不利率	C	3.8%	82位
躓き率	普	1.4%	69位
接触率	普	0.9%	65位
挟まり率	高	0.8%	87位
包まれ率	普	0.3%	71位
詰まり率	普	0.5%	73位

通常追いのみの騎手

酒井　学

生月	1980年2月4日
年齢	44歳
身長	154.0cm
体重	48.0kg

被不利率はSランク、勝負処もまずまず

騎乗成績

	着度数	勝率	連対率	複勝率	馬質
2015年～	180- 223- 267-4106/4776	3.8%	8.4%	14.0%	B
2023年～	26- 19- 31- 520/ 596	4.4%	7.6%	12.8%	

騎乗フォーム解析

通常追い

前傾度合い			ブレ度合い			ムチ技術力	
B	18.9	50位	C	5.1	53位	C	普通

JRA非公式データ

スタート

項目	ランク	値	順位
出遅れ率	A	12.8%	27位
アオリ率	B	1.6%	67位
脚質傾向	普	0.0	48位
雁行逃げ率	普	10.2%	45位
Hペース率	低	6.7%	92位
マクリ率	普	1.2%	67位

道中

項目	ランク	値	順位
掛かり率	B	0.7%	68位
角ロス率	B	1.6%	57位
内回し率	普	45.9%	83位
外回し率	普	1.1%	24位

勝負処

項目	ランク	値	順位
早仕掛率	B	0.4%	41位
遅仕掛率	A	0.2%	19位
進路傾向	中	0.1	34位
モタレ率	B	1.1%	69位

不利全般

項目	ランク	値	順位
被不利率	S	2.8%	19位
躓き率	普	1.2%	52位
接触率	低	0.6%	28位
挟まり率	高	0.8%	88位
包まれ率	低	0.1%	13位
詰まり率	低	0.2%	4位

通常追いのみの騎手

坂井瑠星

生月	1997年5月31日
年齢	26歳
身長	170.0cm
体重	48.0kg

近年の躍進を支えるAランク・フォーム

騎乗成績

	着度数	勝率	連対率	複勝率	馬質
2015年～	435- 397- 385-3371/4588	9.5%	18.1%	26.5%	A
2023年～	141- 123- 105- 608/ 977	14.4%	27.0%	37.8%	

騎乗フォーム解析

通常追い

前傾度合い			ブレ度合い			ムチ技術力	
A	14.7	15位	A	1.1	10位	B	多い

JRA非公式データ

スタート

項目	ランク	値	順位
出遅れ率	S	11.8%	11位
アオリ率	B	1.7%	75位
脚質傾向	前	0.4	14位
雁行逃げ率	高	8.0%	25位
Hペース率	普	5.0%	68位
マクリ率	普	2.4%	33位

道中

項目	ランク	値	順位
掛かり率	B	0.6%	51位
角ロス率	A	1.2%	28位
内回し率	普	52.2%	22位
外回し率	普	1.2%	40位

勝負処

項目	ランク	値	順位
早仕掛率	B	0.7%	93位
遅仕掛率	B	0.3%	43位
進路傾向	中	−0.2	65位
モタレ率	A	0.8%	35位

不利全般

項目	ランク	値	順位
被不利率	B	3.5%	69位
躓き率	普	1.5%	86位
接触率	低	0.6%	38位
挟まり率	高	0.8%	89位
包まれ率	普	0.2%	37位
詰まり率	普	0.4%	38位

通常追い＋シッティングプッシュの騎手

鮫島克駿

生月	1996年10月18日
年齢	27歳
身長	160.0cm
体重	48.0kg

上々の二刀流フォームと1位＝Sランクの出遅れ率

騎乗成績

	着度数	勝率	連対率	複勝率	馬質
2015年～	469- 520- 505-4852/6346	7.4%	15.6%	23.5%	A
2023年～	113- 118- 108- 784/1123	10.1%	20.6%	30.2%	

騎乗フォーム解析

通常追い

前傾度合い			ブレ度合い			ムチ技術力	
B	15.8	27位	A	2.0	17位	B	普通

シッティングプッシュ

前傾度合い			ブレ度合い			ムチ技術力	
A	17.2	12位	C	6.5	27位	B	普通

JRA非公式データ

スタート

項目	ランク	値	順位
出遅れ率	S	9.5%	1位
アオリ率	A	1.1%	32位
脚質傾向	普	0.2	22位
雁行逃げ率	高	9.4%	36位
Hペース率	普	5.0%	69位
マクリ率	普	1.9%	48位

道中

項目	ランク	値	順位
掛かり率	B	0.8%	81位
角ロス率	B	1.8%	68位
内回し率	普	49.8%	45位
外回し率	普	1.2%	39位

勝負処

項目	ランク	値	順位
早仕掛率	B	0.6%	81位
遅仕掛率	B	0.4%	67位
進路傾向	中	-0.2	61位
モタレ率	B	1.4%	93位

不利全般

項目	ランク	値	順位
被不利率	C	4.1%	93位
躓き率	普	1.5%	90位
接触率	普	0.8%	59位
挟まり率	高	1.1%	101位
包まれ率	普	0.2%	63位
詰まり率	普	0.5%	66位

通常追いのみの騎手

柴田大知

生月	1977年6月18日
年齢	46歳
身長	158.0cm
体重	49.0kg

アオリ率はSランク、勝負処もまずまず

騎乗成績

	着度数	勝率	連対率	複勝率	馬質
2015年～	256- 349- 413-5090/6108	4.2%	9.9%	16.7%	B
2023年～	11- 14- 27- 460/ 512	2.1%	4.9%	10.2%	

騎乗フォーム解析

通常追い

前傾度合い			ブレ度合い			ムチ技術力	
A	14.9	16位	C	5.5	55位	B	少ない

JRA非公式データ

スタート

項目	ランク	値	順位
出遅れ率	B	14.5%	46位
アオリ率	S	0.4%	3位
脚質傾向	普	0.2	27位
雁行逃げ率	高	9.7%	39位
Hペース率	普	3.1%	27位
マクリ率	普	3.0%	27位

道中

項目	ランク	値	順位
掛かり率	A	0.5%	39位
角ロス率	B	1.7%	62位
内回し率	普	48.9%	54位
外回し率	普	1.6%	76位

勝負処

項目	ランク	値	順位
早仕掛率	A	0.3%	35位
遅仕掛率	B	0.3%	32位
進路傾向	外	−0.3	89位
モタレ率	A	0.7%	25位

不利全般

項目	ランク	値	順位
被不利率	A	2.8%	20位
躓き率	普	1.1%	36位
接触率	普	1.0%	76位
挟まり率	低	0.4%	15位
包まれ率	低	0.1%	10位
詰まり率	低	0.3%	35位

通常追いのみの騎手

柴田善臣

生月	1966年7月30日
年齢	57歳
身長	164.0cm
体重	53.0kg

超ベテランながら、モタレ率は6位＝Sランク

騎乗成績

	着度数	勝率	連対率	複勝率	馬質
2015年～	175- 213- 216-2742/3346	5.2%	11.6%	18.1%	B
2023年～	10- 21- 14- 222/ 267	3.7%	11.6%	16.9%	

騎乗フォーム解析

通常追い

前傾度合い			ブレ度合い			ムチ技術力	
C	22.4	72位	C	4.4	44位	B	普通

JRA非公式データ

スタート

項目	ランク	値	順位
出遅れ率	C	19.2%	90位
アオリ率	A	1.1%	36位
脚質傾向	後	−0.2	78位
雁行逃げ率	普	13.9%	83位
Hペース率	普	3.3%	34位
マクリ率	普	1.1%	73位

道中

項目	ランク	値	順位
掛かり率	A	0.4%	32位
角ロス率	B	1.7%	58位
内回し率	低	41.8%	101位
外回し率	高	2.0%	99位

勝負処

項目	ランク	値	順位
早仕掛率	B	0.4%	44位
遅仕掛率	B	0.5%	86位
進路傾向	内	0.5	5位
モタレ率	S	0.4%	6位

不利全般

項目	ランク	値	順位
被不利率	B	3.2%	49位
躓き率	低	1.0%	29位
接触率	普	0.7%	51位
挟まり率	普	0.6%	49位
包まれ率	普	0.2%	48位
詰まり率	高	0.7%	98位

通常追いのみの騎手

嶋田純次

生月	1993年3月8日
年齢	31歳
身長	162.0cm
体重	49.0kg

角ロス率・早仕掛率ともにSランク

騎乗成績

	着度数	勝率	連対率	複勝率	馬質
2015年～	39- 60- 76-1437/1612	2.4%	6.1%	10.9%	C
2023年～	4- 7- 12- 213/ 236	1.7%	4.7%	9.7%	

騎乗フォーム解析

通常追い

前傾度合い			ブレ度合い			ムチ技術力	
B	15.5	23位	C	7.0	61位	C	普通

JRA非公式データ

スタート

項目	ランク	値	順位
出遅れ率	B	14.4%	42位
アオリ率	A	1.1%	31位
脚質傾向	後	−0.2	75位
雁行逃げ率	普	12.1%	69位
Hペース率	普	4.7%	62位
マクリ率	低	0.5%	99位

道中

項目	ランク	値	順位
掛かり率	B	0.6%	58位
角ロス率	S	0.8%	3位
内回し率	高	53.6%	13位
外回し率	普	0.9%	12位

勝負処

項目	ランク	値	順位
早仕掛率	S	0.2%	5位
遅仕掛率	A	0.2%	23位
進路傾向	中	−0.2	57位
モタレ率	B	0.9%	51位

不利全般

項目	ランク	値	順位
被不利率	B	3.4%	63位
躓き率	普	1.4%	76位
接触率	低	0.6%	33位
挟まり率	高	0.9%	93位
包まれ率	低	0.1%	12位
詰まり率	普	0.4%	44位

通常追いのみの騎手

菅原明良

生月	2001年3月12日
年齢	23歳
身長	162.6cm
体重	45.4kg

ブレ度合い・角ロス率・早仕掛率でAランク

騎乗成績

	着度数	勝率	連対率	複勝率	馬質
2015年～	294- 311- 311-2949/3865	7.6%	15.7%	23.7%	A
2023年～	86- 98- 93- 779/1056	8.1%	17.4%	26.2%	

騎乗フォーム解析

通常追い

前傾度合い			ブレ度合い			ムチ技術力	
C	21.4	66位	A	2.2	21位	C	少ない

JRA非公式データ

スタート

項目	ランク	値	順位
出遅れ率	B	16.6%	64位
アオリ率	B	1.3%	55位
脚質傾向	普	0.1	38位
雁行逃げ率	普	11.0%	55位
Hペース率	普	4.1%	50位
マクリ率	普	1.2%	72位

道中

項目	ランク	値	順位
掛かり率	B	0.8%	80位
角ロス率	A	1.4%	35位
内回し率	普	45.9%	82位
外回し率	普	1.7%	84位

勝負処

項目	ランク	値	順位
早仕掛率	A	0.3%	25位
遅仕掛率	C	0.8%	102位
進路傾向	中	0.1	37位
モタレ率	B	1.1%	67位

不利全般

項目	ランク	値	順位
被不利率	C	3.9%	85位
躓き率	普	1.3%	55位
接触率	高	1.1%	88位
挟まり率	普	0.7%	69位
包まれ率	普	0.3%	92位
詰まり率	普	0.5%	74位

通常追いのみの騎手

武　豊

生月	1969年3月15日
年齢	55歳
身長	170.0cm
体重	51.0kg

騎乗フォームはいずれも「S」、さすがレジェンド

騎乗成績

	着度数	勝率	連対率	複勝率	馬質
2015年～	812- 745- 598-3529/5684	14.3%	27.4%	37.9%	A
2023年～	100- 81- 57- 410/ 648	15.4%	27.9%	36.7%	

騎乗フォーム解析

通常追い

前傾度合い			ブレ度合い			ムチ技術力	
S	12.2	3位	S	0.6	3位	S	普通

JRA非公式データ

スタート

項目	ランク	値	順位
出遅れ率	A	12.2%	16位
アオリ率	B	1.7%	69位
脚質傾向	普	+0.2	21位
雁行逃げ率	高	6.2%	12位
Hペース率	普	4.5%	60位
マクリ率	普	3.1%	23位

道中

項目	ランク	値	順位
掛かり率	C	1.5%	104位
角ロス率	B	1.8%	66位
内回し率	普	47.7%	66位
外回し率	普	1.2%	37位

勝負処

項目	ランク	値	順位
早仕掛率	B	0.5%	53位
遅仕掛率	B	0.7%	99位
進路傾向	内	0.2	21位
モタレ率	C	1.5%	98位

不利全般

項目	ランク	値	順位
被不利率	S	2.8%	17位
躓き率	低	1.0%	25位
接触率	低	0.5%	22位
挟まり率	普	0.5%	33位
包まれ率	高	0.4%	102位
詰まり率	普	0.5%	57位

通常追いのみの騎手

丹内祐次

生月	1985年11月5日
年齢	38歳
身長	165.0cm
体重	47.0kg

アオリ率・掛かり率・被不利率がAランク

騎乗成績

	着度数	勝率	連対率	複勝率	馬質
2015年～	320- 458- 457-5060/6295	5.1%	12.4%	19.6%	B
2023年～	77- 112- 92- 846/1127	6.8%	16.8%	24.9%	

騎乗フォーム解析

通常追い

前傾度合い			ブレ度合い			ムチ技術力	
C	20.3	57位	C	9.8	70位	C	多い

JRA非公式データ

スタート

項目	ランク	値	順位
出遅れ率	B	14.4%	43位
アオリ率	A	0.8%	18位
脚質傾向	前	0.3	17位
雁行逃げ率	高	9.5%	37位
Hペース率	普	5.3%	74位
マクリ率	高	5.4%	6位

道中

項目	ランク	値	順位
掛かり率	A	0.3%	11位
角ロス率	B	1.6%	54位
内回し率	普	50.1%	38位
外回し率	普	1.5%	65位

勝負処

項目	ランク	値	順位
早仕掛率	B	0.5%	64位
遅仕掛率	B	0.3%	36位
進路傾向	外	−0.5	96位
モタレ率	B	0.9%	48位

不利全般

項目	ランク	値	順位
被不利率	A	3.1%	41位
躓き率	普	1.1%	39位
接触率	普	0.8%	55位
挟まり率	普	0.5%	30位
包まれ率	普	0.2%	61位
詰まり率	普	0.6%	85位

通常追いのみの騎手

団野大成

生月	2000年6月22日
年齢	23歳
身長	161.7cm
体重	47.4kg

鞭テクはAランク、出遅れ率・被不利率もA

騎乗成績

	着度数	勝率	連対率	複勝率	馬質
2015年～	233- 285- 276-2636/3430	6.8%	15.1%	23.1%	A
2023年～	61- 85- 80- 669/ 895	6.8%	16.3%	25.3%	

騎乗フォーム解析

通常追い

前傾度合い			ブレ度合い			ムチ技術力	
B	18.8	48位	C	10.7	72位	A	普通

JRA非公式データ

スタート

項目	ランク	値	順位
出遅れ率	A	12.8%	25位
アオリ率	C	2.4%	98位
脚質傾向	普	0.1	32位
雁行逃げ率	高	8.3%	28位
Hペース率	普	5.7%	79位
マクリ率	普	2.2%	41位

道中

項目	ランク	値	順位
掛かり率	B	0.8%	82位
角ロス率	B	2.0%	75位
内回し率	普	47.0%	74位
外回し率	普	1.3%	51位

勝負処

項目	ランク	値	順位
早仕掛率	B	0.5%	52位
遅仕掛率	B	0.4%	61位
進路傾向	中	-0.2	67位
モタレ率	A	0.8%	28位

不利全般

項目	ランク	値	順位
被不利率	A	3.0%	38位
躓き率	普	1.4%	72位
接触率	低	0.4%	12位
挟まり率	高	0.8%	86位
包まれ率	普	0.2%	46位
詰まり率	低	0.2%	9位

通常追いのみの騎手

角田大和

生月	2001年9月3日
年齢	22歳
身長	167.0cm
体重	47.0kg

出遅れ率・掛かり率・遅仕掛率がAランク

騎乗成績

	着度数	勝率	連対率	複勝率	馬質
2015年～	91- 116- 118-1363/1688	5.4%	12.3%	19.3%	B
2023年～	30- 46- 41- 473/ 590	5.1%	12.9%	19.8%	

騎乗フォーム解析

通常追い

前傾度合い			ブレ度合い			ムチ技術力	
C	21.8	67位	C	7.0	61位	C	普通

JRA非公式データ

スタート

項目	ランク	値	順位
出遅れ率	A	12.1%	14位
アオリ率	C	2.0%	87位
脚質傾向	前	0.3	16位
雁行逃げ率	普	10.4%	49位
Hペース率	普	5.2%	73位
マクリ率	普	2.8%	30位

道中

項目	ランク	値	順位
掛かり率	A	0.5%	47位
角ロス率	C	2.5%	96位
内回し率	普	45.9%	85位
外回し率	普	1.8%	85位

勝負処

項目	ランク	値	順位
早仕掛率	B	0.6%	75位
遅仕掛率	A	0.2%	20位
進路傾向	中	−0.3	78位
モタレ率	C	1.7%	100位

不利全般

項目	ランク	値	順位
被不利率	C	4.0%	88位
躓き率	高	1.6%	92位
接触率	普	0.7%	41位
挟まり率	普	0.6%	47位
包まれ率	高	0.4%	103位
詰まり率	高	0.7%	102位

通常追いのみの騎手

M.デムーロ

生月	1979年1月11日
年齢	45歳
身長	156.0cm
体重	52.0kg

騎乗フォームはオールBだった

騎乗成績

	着度数	勝率	連対率	複勝率	馬質
2015年～	933- 731- 661-3273/5598	16.7%	29.7%	41.5%	A
2023年～	56- 70- 75- 502/ 703	8.0%	17.9%	28.6%	

騎乗フォーム解析

通常追い

前傾度合い			ブレ度合い			ムチ技術力	
B	15.5	23位	B	3.8	37位	B	普通

JRA非公式データ

スタート

項目	ランク	値	順位
出遅れ率	C	19.2%	89位
アオリ率	C	1.9%	82位
脚質傾向	普	0.1	34位
雁行逃げ率	低	16.5%	99位
Hペース率	高	2.6%	17位
マクリ率	高	7.3%	2位

道中

項目	ランク	値	順位
掛かり率	C	1.1%	102位
角ロス率	C	3.2%	105位
内回し率	低	41.4%	103位
外回し率	高	2.2%	102位

勝負処

項目	ランク	値	順位
早仕掛率	C	0.9%	103位
遅仕掛率	B	0.4%	68位
進路傾向	内	0.7	2位
モタレ率	B	1.4%	91位

不利全般

項目	ランク	値	順位
被不利率	A	2.9%	28位
躓き率	低	0.8%	9位
接触率	普	0.9%	66位
挟まり率	普	0.5%	43位
包まれ率	普	0.3%	74位
詰まり率	普	0.5%	64位

通常追い＋シッティングプッシュの騎手

戸崎圭太

生月	1980年7月8日
年齢	43歳
身長	160.8cm
体重	49.7kg

騎乗フォームはAランク、馬質はSランク

騎乗成績

	着度数	勝率	連対率	複勝率	馬質
2015年～	1141- 957- 787-4496/7381	15.5%	28.4%	39.1%	S
2023年～	154- 117- 100- 639/1010	15.2%	26.8%	36.7%	

騎乗フォーム解析

通常追い

前傾度合い			ブレ度合い			ムチ技術力	
B	15.4	20位	A	1.1	10位	A	多い

シッティングプッシュ

前傾度合い			ブレ度合い			ムチ技術力	
A	18.8	21位	A	1.5	2位	A	多い

JRA非公式データ

スタート

項目	ランク	値	順位
出遅れ率	A	13.2%	30位
アオリ率	A	0.9%	23位
脚質傾向	前	0.4	10位
雁行逃げ率	低	15.0%	90位
Hペース率	普	5.4%	75位
マクリ率	普	3.5%	16位

道中

項目	ランク	値	順位
掛かり率	B	0.7%	70位
角ロス率	A	1.2%	19位
内回し率	低	43.0%	98位
外回し率	普	1.4%	55位

勝負処

項目	ランク	値	順位
早仕掛率	B	0.4%	37位
遅仕掛率	B	0.7%	98位
進路傾向	内	0.4	9位
モタレ率	A	0.8%	29位

不利全般

項目	ランク	値	順位
被不利率	C	3.9%	84位
躓き率	普	1.1%	41位
接触率	高	1.1%	89位
挟まり率	普	0.7%	72位
包まれ率	普	0.3%	98位
詰まり率	普	0.6%	90位

シッティングプッシュのみの騎手

長岡禎仁

生月	1993年9月25日
年齢	30歳
身長	166.2cm
体重	47.3kg

被不利率がS、掛かり率・角ロス率はAランク

騎乗成績

	着度数	勝率	連対率	複勝率	馬質
2015年～	71- 60- 80-1632/1843	3.9%	7.1%	11.4%	C
2023年～	18- 10- 11- 186/ 225	8.0%	12.4%	17.3%	

騎乗フォーム解析

シッティングプッシュ

前傾度合い			ブレ度合い			ムチ技術力	
B	20.5	27位	C	10.0	38位	C	普通

JRA非公式データ

スタート

項目	ランク	値	順位
出遅れ率	B	14.9%	50位
アオリ率	B	1.2%	45位
脚質傾向	後	−0.3	83位
雁行逃げ率	低	16.5%	99位
Hペース率	普	5.5%	76位
マクリ率	普	1.4%	61位

道中

項目	ランク	値	順位
掛かり率	A	0.3%	13位
角ロス率	A	1.2%	29位
内回し率	高	53.4%	14位
外回し率	普	1.4%	56位

勝負処

項目	ランク	値	順位
早仕掛率	B	0.6%	76位
遅仕掛率	B	0.4%	62位
進路傾向	外	−0.6	103位
モタレ率	B	1.1%	74位

不利全般

項目	ランク	値	順位
被不利率	S	2.3%	5位
躓き率	低	0.8%	11位
接触率	普	0.7%	48位
挟まり率	低	0.4%	16位
包まれ率	低	0.1%	21位
詰まり率	低	0.3%	31位

通常追い＋シッティングプッシュの騎手

永島まなみ

生月	2002年10月27日
年齢	21歳
身長	159.8cm
体重	45.4kg

シッティングプッシュのブレ度合は11位

騎乗成績

	着度数	勝率	連対率	複勝率	馬質
2015年～	91- 72- 80-1282/1525	6.0%	10.7%	15.9%	B
2023年～	63- 48- 53- 675/ 839	7.5%	13.2%	19.5%	

騎乗フォーム解析

通常追い

前傾度合い			ブレ度合い			ムチ技術力	
C	23.0	75位	C	4.0	42位	C	少ない

シッティングプッシュ

前傾度合い			ブレ度合い			ムチ技術力	
C	24.6	34位	B	4.2	11位	C	少ない

JRA非公式データ

スタート

項目	ランク	値	順位
出遅れ率	C	18.6%	83位
アオリ率	C	3.1%	106位
脚質傾向	後	−0.2	72位
雁行逃げ率	高	8.6%	31位
Hペース率	低	7.9%	97位
マクリ率	低	0.9%	82位

道中

項目	ランク	値	順位
掛かり率	A	0.4%	21位
角ロス率	C	3.3%	106位
内回し率	普	47.3%	71位
外回し率	高	2.2%	103位

勝負処

項目	ランク	値	順位
早仕掛率	B	0.6%	73位
遅仕掛率	A	0.2%	10位
進路傾向	内	0.2	27位
モタレ率	C	1.9%	102位

不利全般

項目	ランク	値	順位
被不利率	B	3.4%	59位
躓き率	普	1.5%	82位
接触率	低	0.5%	24位
挟まり率	普	0.7%	78位
包まれ率	普	0.2%	29位
詰まり率	普	0.5%	65位

通常追いのみの騎手

永野猛蔵

生月	2002年9月8日
年齢	21歳
身長	161.5cm
体重	45.5kg

角ロス率・早仕掛率がAランク

騎乗成績

	着度数	勝率	連対率	複勝率	馬質
2015年～	87- 110- 107-1839/2143	4.1%	9.2%	14.2%	B
2023年～	28- 41- 44- 754/ 867	3.2%	8.0%	13.0%	

騎乗フォーム解析

通常追い

前傾度合い			ブレ度合い			ムチ技術力	
B	15.4	20位	C	4.6	49位	C	少ない

JRA非公式データ

スタート

項目	ランク	値	順位
出遅れ率	C	20.3%	96位
アオリ率	B	1.4%	58位
脚質傾向	後	−0.3	81位
雁行逃げ率	普	11.2%	59位
Hペース率	高	2.1%	12位
マクリ率	低	0.9%	80位

道中

項目	ランク	値	順位
掛かり率	B	0.7%	79位
角ロス率	A	1.2%	20位
内回し率	普	47.3%	72位
外回し率	普	1.4%	63位

勝負処

項目	ランク	値	順位
早仕掛率	A	0.3%	22位
遅仕掛率	B	0.5%	83位
進路傾向	内	0.3	14位
モタレ率	B	1.1%	72位

不利全般

項目	ランク	値	順位
被不利率	B	3.6%	76位
躓き率	低	0.8%	12位
接触率	高	1.3%	98位
挟まり率	普	0.6%	54位
包まれ率	普	0.3%	85位
詰まり率	高	0.7%	94位

シッティングプッシュのみの騎手

西村淳也

生月	1999年7月30日
年齢	24歳
身長	160.2cm
体重	45.6kg

前傾は7位＝Sランク、スタートも上手い

騎乗成績

	着度数	勝率	連対率	複勝率	馬質
2015年～	346- 373- 343-3058/4120	8.4%	17.5%	25.8%	A
2023年～	105- 113- 100- 716/1034	10.2%	21.1%	30.8%	

騎乗フォーム解析

シッティングプッシュ

前傾度合い			ブレ度合い			ムチ技術力	
S	16.0	7位	B	4.0	9位	B	多い

JRA非公式データ

スタート

項目	ランク	値	順位
出遅れ率	S	10.4%	4位
アオリ率	B	1.3%	54位
脚質傾向	前	0.6	6位
雁行逃げ率	高	5.8%	7位
Hペース率	普	4.4%	59位
マクリ率	普	2.3%	38位

道中

項目	ランク	値	順位
掛かり率	A	0.4%	19位
角ロス率	B	1.7%	63位
内回し率	普	51.0%	28位
外回し率	普	1.8%	90位

勝負処

項目	ランク	値	順位
早仕掛率	B	0.6%	78位
遅仕掛率	B	0.4%	52位
進路傾向	外	−0.6	99位
モタレ率	B	1.2%	78位

不利全般

項目	ランク	値	順位
被不利率	A	2.9%	24位
躓き率	普	1.4%	73位
接触率	低	0.6%	27位
挟まり率	普	0.5%	37位
包まれ率	低	0.1%	8位
詰まり率	低	0.3%	28位

シッティングプッシュのみの騎手

野中悠太郎

生月	1996年12月29日
年齢	27歳
身長	161.7cm
体重	46.4kg

勝負処でSランク3つは立派！

騎乗成績

	着度数	勝率	連対率	複勝率	馬質
2015年～	102- 139- 174-3602/4017	2.5%	6.0%	10.3%	C
2023年～	10- 15- 13- 346/ 384	2.6%	6.5%	9.9%	

騎乗フォーム解析

シッティングプッシュ

前傾度合い			ブレ度合い			ムチ技術力	
A	18.0	15位	C	8.2	34位	C	普通

JRA非公式データ

スタート

項目	ランク	値	順位
出遅れ率	B	16.5%	62位
アオリ率	S	0.5%	10位
脚質傾向	後	−0.3	86位
雁行逃げ率	低	15.2%	93位
Hペース率	普	4.0%	44位
マクリ率	低	0.3%	103位

道中

項目	ランク	値	順位
掛かり率	B	0.7%	74位
角ロス率	A	1.4%	43位
内回し率	普	48.1%	63位
外回し率	普	1.3%	46位

勝負処

項目	ランク	値	順位
早仕掛率	S	0.2%	6位
遅仕掛率	S	0.1%	8位
進路傾向	中	−0.2	66位
モタレ率	S	0.5%	12位

不利全般

項目	ランク	値	順位
被不利率	S	2.6%	13位
躓き率	低	1.0%	33位
接触率	低	0.6%	35位
挟まり率	低	0.3%	6位
包まれ率	低	0.1%	16位
詰まり率	普	0.6%	80位

シッティングプッシュのみの騎手

原　優介

生月	2000年6月10日
年齢	23歳
身長	158.1cm
体重	47.0kg

ブレ度合いは13位も、Aランクがまだない

騎乗成績

	着度数	勝率	連対率	複勝率	馬質
2015年～	67- 95- 107-1945/2214	3.0%	7.3%	12.1%	C
2023年～	34- 38- 32- 657/ 761	4.5%	9.5%	13.7%	

騎乗フォーム解析

シッティングプッシュ

前傾度合い			ブレ度合い			ムチ技術力	
C	23.7	32位	B	4.6	13位	B	普通

JRA非公式データ

スタート

項目	ランク	値	順位
出遅れ率	C	22.9%	104位
アオリ率	B	1.3%	50位
脚質傾向	後	−0.3	90位
雁行逃げ率	高	9.1%	33位
Hペース率	普	5.8%	83位
マクリ率	普	1.6%	55位

道中

項目	ランク	値	順位
掛かり率	B	0.7%	75位
角ロス率	B	1.9%	69位
内回し率	普	51.3%	27位
外回し率	普	1.4%	55位

勝負処

項目	ランク	値	順位
早仕掛率	B	0.5%	50位
遅仕掛率	B	0.4%	50位
進路傾向	中	−0.1	54位
モタレ率	B	1.0%	66位

不利全般

項目	ランク	値	順位
被不利率	B	3.4%	62位
躓き率	普	1.4%	68位
接触率	高	1.1%	86位
挟まり率	普	0.5%	32位
包まれ率	低	0.1%	22位
詰まり率	低	0.3%	23位

通常追いのみの騎手

菱田裕二

生月	1992年9月26日
年齢	31歳
身長	160.1cm
体重	52.0kg

フォームは低評価も、モタレ率5位＝Sランク

騎乗成績

	着度数	勝率	連対率	複勝率	馬質
2015年～	334- 343- 333-4067/5077	6.6%	13.3%	19.9%	B
2023年～	42- 50- 46- 489/ 627	6.7%	14.7%	22.0%	

騎乗フォーム解析

通常追い

前傾度合い			ブレ度合い			ムチ技術力	
C	21.3	64位	C	4.5	46位	C	普通

JRA非公式データ

スタート

項目	ランク	値	順位
出遅れ率	B	14.3%	41位
アオリ率	B	1.2%	41位
脚質傾向	後	-0.2	76位
雁行逃げ率	普	11.2%	59位
Hペース率	普	5.2%	73位
マクリ率	高	4.2%	11位

道中

項目	ランク	値	順位
掛かり率	A	0.3%	10位
角ロス率	C	2.5%	94位
内回し率	普	45.9%	84位
外回し率	普	1.6%	73位

勝負処

項目	ランク	値	順位
早仕掛率	B	0.7%	90位
遅仕掛率	B	0.5%	82位
進路傾向	内	0.2	28位
モタレ率	S	0.4%	5位

不利全般

項目	ランク	値	順位
被不利率	B	3.6%	73位
躓き率	普	1.4%	70位
接触率	低	0.6%	29位
挟まり率	普	0.6%	64位
包まれ率	普	0.3%	88位
詰まり率	高	0.7%	101位

通常追いのみの騎手

藤岡佑介

生月	1986年3月17日
年齢	38歳
身長	165.0cm
体重	52.0kg

前傾は12位＝Aランク、被不利率9位＝Sランク

騎乗成績

	着度数	勝率	連対率	複勝率	馬質
2015年～	474- 445- 414-3326/4659	10.2%	19.7%	28.6%	A
2023年～	64- 42- 52- 387/ 545	11.7%	19.4%	29.0%	

騎乗フォーム解析

通常追い

前傾度合い			ブレ度合い			ムチ技術力	
A	14.6	12位	C	4.5	46位	B	少ない

JRA非公式データ

スタート

項目	ランク	値	順位
出遅れ率	C	17.6%	75位
アオリ率	B	1.7%	68位
脚質傾向	普	−0.1	55位
雁行逃げ率	高	6.8%	18位
Hペース率	低	7.0%	94位
マクリ率	高	4.4%	9位

道中

項目	ランク	値	順位
掛かり率	B	0.6%	52位
角ロス率	C	2.2%	86位
内回し率	普	48.6%	58位
外回し率	普	1.3%	52位

勝負処

項目	ランク	値	順位
早仕掛率	B	0.7%	84位
遅仕掛率	C	0.8%	104位
進路傾向	中	0.1	35位
モタレ率	B	1.0%	55位

不利全般

項目	ランク	値	順位
被不利率	S	2.5%	9位
躓き率	低	0.8%	15位
接触率	低	0.4%	7位
挟まり率	普	0.5%	28位
包まれ率	普	0.2%	68位
詰まり率	普	0.6%	77位

通常追いのみの騎手

藤懸貴志

生月	1993年2月25日
年齢	31歳
身長	155.0cm
体重	49.0kg

勝負処はAランクが3つと優秀

騎乗成績

	着度数	勝率	連対率	複勝率	馬質
2015年〜	96- 95- 111-2061/2363	4.1%	8.1%	12.8%	C
2023年〜	25- 16- 23- 313/ 377	6.6%	10.9%	17.0%	

騎乗フォーム解析

通常追い

前傾度合い			ブレ度合い			ムチ技術力	
C	24.5	77位	C	4.0	42位	C	多い

JRA非公式データ

スタート

項目	ランク	値	順位
出遅れ率	B	17.3%	74位
アオリ率	C	1.9%	83位
脚質傾向	後	−0.6	103位
雁行逃げ率	高	7.9%	24位
Hペース率	低	8.8%	99位
マクリ率	普	1.3%	63位

道中

項目	ランク	値	順位
掛かり率	B	0.8%	84位
角ロス率	B	2.0%	79位
内回し率	高	59.2%	2位
外回し率	低	0.3%	2位

勝負処

項目	ランク	値	順位
早仕掛率	A	0.3%	32位
遅仕掛率	A	0.2%	12位
進路傾向	外	−0.3	83位
モタレ率	A	0.8%	37位

不利全般

項目	ランク	値	順位
被不利率	C	3.9%	87位
躓き率	高	1.6%	93位
接触率	低	0.6%	37位
挟まり率	高	1.1%	102位
包まれ率	普	0.3%	73位
詰まり率	普	0.4%	39位

通常追い＋シッティングプッシュの騎手

藤田菜七子

生月	1997年8月9日
年齢	26歳
身長	157.4cm
体重	45.6kg

シッティングプッシュの前傾度合いは4位＝Sランク

騎乗成績

	着度数	勝率	連対率	複勝率	馬質
2015年～	162- 184- 153-3242/3741	4.3%	9.2%	13.3%	B
2023年～	15- 19- 24- 405/ 463	3.2%	7.3%	12.5%	

騎乗フォーム解析

通常追い

前傾度合い			ブレ度合い			ムチ技術力	
B	17.7	35位	B	3.7	36位	C	少ない

シッティングプッシュ

前傾度合い			ブレ度合い			ムチ技術力	
S	15.3	4位	C	5.5	20位	C	少ない

JRA非公式データ

スタート

項目	ランク	値	順位
出遅れ率	C	23.0%	105位
アオリ率	B	1.2%	39位
脚質傾向	後	−0.3	84位
雁行逃げ率	低	16.0%	97位
Hペース率	普	3.3%	32位
マクリ率	低	0.8%	83位

道中

項目	ランク	値	順位
掛かり率	A	0.5%	42位
角ロス率	S	1.0%	8位
内回し率	普	53.0%	18位
外回し率	普	1.8%	87位

勝負処

項目	ランク	値	順位
早仕掛率	B	0.6%	67位
遅仕掛率	B	0.5%	79位
進路傾向	内	0.2	18位
モタレ率	B	1.0%	57位

不利全般

項目	ランク	値	順位
被不利率	A	2.9%	26位
躓き率	低	0.9%	17位
接触率	普	0.9%	68位
挟まり率	普	0.6%	65位
包まれ率	普	0.2%	54位
詰まり率	低	0.3%	25位

通常追いのみの騎手

古川奈穂

生月	2000年9月13日
年齢	23歳
身長	154.6cm
体重	44.8kg

詰まり率は1位も、Aランクがなし

騎乗成績

	着度数	勝率	連対率	複勝率	馬質
2015年〜	44- 51- 28- 582/ 705	6.2%	13.5%	17.4%	B
2023年〜	27- 24- 12- 317/ 380	7.1%	13.4%	16.6%	

騎乗フォーム解析

通常追い

前傾度合い			ブレ度合い			ムチ技術力	
C	19.2	52位	C	8.3	68位	C	普通

JRA非公式データ

スタート

項目	ランク	値	順位
出遅れ率	C	17.6%	76位
アオリ率	C	3.0%	104位
脚質傾向	後	-0.2	80位
雁行逃げ率	高	3.4%	3位
Hペース率	低	12.6%	105位
マクリ率	普	2.2%	39位

道中

項目	ランク	値	順位
掛かり率	C	1.0%	96位
角ロス率	C	2.7%	98位
内回し率	普	50.8%	29位
外回し率	高	2.1%	101位

勝負処

項目	ランク	値	順位
早仕掛率	B	0.7%	92位
遅仕掛率	B	0.6%	87位
進路傾向	中	0.0	46位
モタレ率	B	1.1%	73位

不利全般

項目	ランク	値	順位
被不利率	C	4.7%	104位
躓き率	高	2.9%	107位
接触率	高	1.3%	100位
挟まり率	低	0.3%	4位
包まれ率	普	0.2%	39位
詰まり率	低	0.1%	1位

通常追いのみの騎手

古川吉洋

生月	1977年9月26日
年齢	46歳
身長	160.0cm
体重	50.0kg

勝負処の早仕掛率・モタレ率はAランク

騎乗成績

	着度数	勝率	連対率	複勝率	馬質
2015年～	214- 262- 233-3502/4211	5.1%	11.3%	16.8%	B
2023年～	20- 22- 36- 418/ 496	4.0%	8.5%	15.7%	

騎乗フォーム解析

通常追い

前傾度合い			ブレ度合い			ムチ技術力	
C	20.4	58位	B	3.9	39位	C	普通

JRA非公式データ

スタート

項目	ランク	値	順位
出遅れ率	B	16.7%	69位
アオリ率	B	1.7%	72位
脚質傾向	後	−0.3	88位
雁行逃げ率	高	6.1%	10位
Hペース率	普	4.1%	48位
マクリ率	普	2.4%	35位

道中

項目	ランク	値	順位
掛かり率	B	0.9%	90位
角ロス率	B	1.8%	64位
内回し率	普	49.8%	44位
外回し率	普	1.3%	44位

勝負処

項目	ランク	値	順位
早仕掛率	A	0.3%	28位
遅仕掛率	B	0.3%	35位
進路傾向	内	0.2	25位
モタレ率	A	0.8%	31位

不利全般

項目	ランク	値	順位
被不利率	B	3.2%	43位
躓き率	普	1.3%	59位
接触率	低	0.5%	21位
挟まり率	普	0.6%	59位
包まれ率	普	0.2%	67位
詰まり率	普	0.5%	71位

通常追いのみの騎手

松岡正海

生月	1984年7月18日
年齢	39歳
身長	162.9cm
体重	50.0kg

アオリ率13位＝Sランク、早仕掛率9位＝Sランク

騎乗成績

	着度数	勝率	連対率	複勝率	馬質
2015年～	215- 251- 269-3658/4393	4.9%	10.6%	16.7%	B
2023年～	34- 44- 40- 493/ 611	5.6%	12.8%	19.3%	

騎乗フォーム解析

通常追い

前傾度合い			ブレ度合い			ムチ技術力	
C	20.7	61位	C	12.3	76位	C	普通

JRA非公式データ

スタート

項目	ランク	値	順位
出遅れ率	B	15.1%	52位
アオリ率	S	0.6%	13位
脚質傾向	普	0.0	44位
雁行逃げ率	普	12.8%	74位
Hペース率	高	2.7%	19位
マクリ率	普	3.1%	22位

道中

項目	ランク	値	順位
掛かり率	A	0.5%	33位
角ロス率	B	2.0%	72位
内回し率	普	49.1%	52位
外回し率	普	1.1%	22位

勝負処

項目	ランク	値	順位
早仕掛率	S	0.2%	9位
遅仕掛率	B	0.4%	64位
進路傾向	中	0.0	49位
モタレ率	B	1.3%	88位

不利全般

項目	ランク	値	順位
被不利率	B	3.4%	61位
躓き率	普	1.1%	42位
接触率	普	0.9%	73位
挟まり率	普	0.6%	48位
包まれ率	普	0.2%	52位
詰まり率	普	0.6%	78位

通常追いのみの騎手

松山弘平

生月	1990年3月1日
年齢	34歳
身長	167.0cm
体重	51.0kg

ブレ度合い12位＝Aランク、出遅れ率6位＝Sランク

騎乗成績

	着度数	勝率	連対率	複勝率	馬質
2015年～	874- 812- 710-5729/8125	10.8%	20.8%	29.5%	A
2023年～	146- 149- 129- 752/1176	12.4%	25.1%	36.1%	

騎乗フォーム解析

通常追い

前傾度合い			ブレ度合い			ムチ技術力	
C	22.5	74位	A	1.6	12位	B	少ない

JRA非公式データ

スタート

項目	ランク	値	順位
出遅れ率	S	10.6%	6位
アオリ率	B	1.7%	76位
脚質傾向	前	0.5	8位
雁行逃げ率	普	10.5%	50位
Hペース率	低	6.7%	93位
マクリ率	普	3.2%	21位

道中

項目	ランク	値	順位
掛かり率	B	0.8%	89位
角ロス率	C	2.0%	81位
内回し率	普	50.7%	30位
外回し率	普	1.2%	33位

勝負処

項目	ランク	値	順位
早仕掛率	C	0.8%	97位
遅仕掛率	B	0.4%	56位
進路傾向	中	−0.2	58位
モタレ率	B	1.3%	90位

不利全般

項目	ランク	値	順位
被不利率	A	3.1%	42位
躓き率	普	1.1%	46位
接触率	普	0.7%	45位
挟まり率	高	0.8%	82位
包まれ率	普	0.3%	78位
詰まり率	低	0.3%	17位

シッティングプッシュのみの騎手

黛 弘人

生月	1985年11月12日
年齢	38歳
身長	165.9cm
体重	50.0kg

前傾度合いAランク、勝負処のSランク2つが光る

騎乗成績

	着度数	勝率	連対率	複勝率	馬質
2015年～	102- 149- 162-2994/3407	3.0%	7.4%	12.1%	C
2023年～	12- 14- 20- 377/ 423	2.8%	6.1%	10.9%	

騎乗フォーム解析

シッティングプッシュ

前傾度合い			ブレ度合い			ムチ技術力	
A	18.1	17位	C	6.0	25位	B	少ない

JRA非公式データ

スタート

項目	ランク	値	順位
出遅れ率	B	15.9%	56位
アオリ率	B	1.2%	38位
脚質傾向	後	−0.4	92位
雁行逃げ率	低	15.2%	93位
Hペース率	高	2.1%	11位
マクリ率	普	1.4%	62位

道中

項目	ランク	値	順位
掛かり率	A	0.4%	18位
角ロス率	A	1.2%	22位
内回し率	普	52.8%	19位
外回し率	普	1.6%	73位

勝負処

項目	ランク	値	順位
早仕掛率	S	0.2%	8位
遅仕掛率	S	0.1%	6位
進路傾向	外	−0.3	91位
モタレ率	A	0.8%	36位

不利全般

項目	ランク	値	順位
被不利率	A	3.1%	40位
躓き率	普	1.4%	77位
接触率	普	0.8%	58位
挟まり率	低	0.4%	19位
包まれ率	低	0.1%	5位
詰まり率	普	0.4%	45位

シッティングプッシュのみの騎手

丸田恭介

生月	1986年5月20日
年齢	37歳
身長	156.0cm
体重	49.0kg

前傾度合い5位＝Sランク、道中もAランクが2つ

騎乗成績

	着度数	勝率	連対率	複勝率	馬質
2015年～	170- 212- 245-3568/4195	4.1%	9.1%	14.9%	B
2023年～	15- 21- 28- 435/ 499	3.0%	7.2%	12.8%	

騎乗フォーム解析

シッティングプッシュ

前傾度合い			ブレ度合い			ムチ技術力	
S	15.5	5位	C	5.9	23位	C	多い

JRA非公式データ

スタート

項目	ランク	値	順位
出遅れ率	C	21.8%	101位
アオリ率	B	1.4%	57位
脚質傾向	後	−0.6	106位
雁行逃げ率	普	12.3%	71位
Hペース率	普	3.1%	28位
マクリ率	普	1.4%	60位

道中

項目	ランク	値	順位
掛かり率	A	0.5%	45位
角ロス率	A	1.5%	47位
内回し率	普	47.5%	69位
外回し率	普	1.4%	58位

勝負処

項目	ランク	値	順位
早仕掛率	S	0.2%	11位
遅仕掛率	B	0.5%	78位
進路傾向	内	0.2	26位
モタレ率	B	1.4%	92位

不利全般

項目	ランク	値	順位
被不利率	B	3.2%	45位
躓き率	低	1.0%	23位
接触率	普	0.7%	52位
挟まり率	低	0.4%	27位
包まれ率	普	0.3%	96位
詰まり率	高	0.7%	100位

シッティングプッシュのみの騎手

丸山元気

生月	1990年10月3日
年齢	33歳
身長	166.0cm
体重	51.0kg

スタート良し、出遅れ率A、アオリ率Sランク

騎乗成績

	着度数	勝率	連対率	複勝率	馬質
2015年～	352- 388- 406-4243/5389	6.5%	13.7%	21.3%	B
2023年～	27- 35- 41- 492/ 595	4.5%	10.4%	17.3%	

騎乗フォーム解析

シッティングプッシュ

前傾度合い			ブレ度合い			ムチ技術力	
B	19.5	25位	C	5.9	23位	C	普通

JRA非公式データ

スタート

項目	ランク	値	順位
出遅れ率	A	12.3%	17位
アオリ率	S	0.4%	4位
脚質傾向	普	0.1	43位
雁行逃げ率	普	11.5%	64位
Hペース率	普	5.6%	78位
マクリ率	普	2.4%	36位

道中

項目	ランク	値	順位
掛かり率	B	0.7%	69位
角ロス率	A	1.4%	37位
内回し率	普	49.5%	47位
外回し率	普	1.5%	67位

勝負処

項目	ランク	値	順位
早仕掛率	S	0.2%	7位
遅仕掛率	B	0.4%	70位
進路傾向	中	0.0	45位
モタレ率	B	1.2%	82位

不利全般

項目	ランク	値	順位
被不利率	B	3.5%	70位
躓き率	普	1.2%	53位
接触率	普	0.9%	67位
挟まり率	普	0.6%	46位
包まれ率	普	0.3%	84位
詰まり率	普	0.6%	87位

シッティングプッシュのみの騎手

三浦皇成

生月	1989年12月19日
年齢	34歳
身長	167.0cm
体重	50.0kg

前傾度合いと鞭テクでAランクをゲット！

騎乗成績

	着度数	勝率	連対率	複勝率	馬質
2015年～	545- 633- 555-4258/5991	9.1%	19.7%	28.9%	A
2023年～	60- 85- 73- 578/ 796	7.5%	18.2%	27.4%	

騎乗フォーム解析

シッティングプッシュ

前傾度合い			ブレ度合い			ムチ技術力	
A	17.4	13位	B	3.7	8位	A	多い

JRA非公式データ

スタート

項目	ランク	値	順位
出遅れ率	C	17.9%	78位
アオリ率	A	1.0%	27位
脚質傾向	普	0.2	29位
雁行逃げ率	高	7.7%	21位
Hペース率	普	3.6%	39位
マクリ率	普	3.1%	24位

道中

項目	ランク	値	順位
掛かり率	A	0.4%	24位
角ロス率	A	1.3%	30位
内回し率	普	46.9%	75位
外回し率	普	1.3%	45位

勝負処

項目	ランク	値	順位
早仕掛率	B	0.4%	39位
遅仕掛率	B	0.5%	76位
進路傾向	中	0.1	32位
モタレ率	B	0.9%	45位

不利全般

項目	ランク	値	順位
被不利率	B	3.7%	77位
躓き率	低	1.0%	22位
接触率	高	1.2%	93位
挟まり率	普	0.7%	74位
包まれ率	普	0.2%	65位
詰まり率	普	0.6%	76位

シッティングプッシュのみの騎手

水口優也

生月	1991年3月22日
年齢	32歳
身長	163.0cm
体重	51.0kg

前傾度合いAランク、角ロス率は5位＝Sランク

騎乗成績

	着度数	勝率	連対率	複勝率	馬質
2015年～	52- 68- 74-1303/1497	3.5%	8.0%	13.0%	C
2023年～	10- 11- 20- 191/ 232	4.3%	9.1%	17.7%	

騎乗フォーム解析

シッティングプッシュ

前傾度合い			ブレ度合い			ムチ技術力	
A	18.6	20位	C	7.5	32位	C	多い

JRA非公式データ

スタート

項目	ランク	値	順位
出遅れ率	A	12.6%	23位
アオリ率	C	1.9%	81位
脚質傾向	普	-0.1	57位
雁行逃げ率	普	10.2%	45位
Hペース率	普	3.4%	35位
マクリ率	低	0.9%	77位

道中

項目	ランク	値	順位
掛かり率	A	0.5%	37位
角ロス率	S	0.9%	5位
内回し率	高	60.6%	1位
外回し率	低	0.3%	1位

勝負処

項目	ランク	値	順位
早仕掛率	B	0.7%	86位
遅仕掛率	B	0.3%	31位
進路傾向	外	-0.8	106位
モタレ率	B	1.2%	80位

不利全般

項目	ランク	値	順位
被不利率	A	3.0%	39位
躓き率	高	1.7%	97位
接触率	低	0.2%	1位
挟まり率	普	0.6%	58位
包まれ率	普	0.2%	49位
詰まり率	普	0.4%	40位

シッティングプッシュのみの騎手

水沼元輝

生月	1991年3月22日
年齢	32歳
身長	163.0cm
体重	51.0kg

アオリ率・角ロス率がAランクと健闘

騎乗成績

	着度数	勝率	連対率	複勝率	馬質
2015年～	10- 4- 11- 415/ 440	2.3%	3.2%	5.7%	C
2023年～	11- 7- 6- 360/ 384	2.7%	3.9%	5.5%	

騎乗フォーム解析

シッティングプッシュ

前傾度合い			ブレ度合い			ムチ技術力	
C	28.7	39位	C	5.1	16位	C	少ない

JRA非公式データ

スタート

項目	ランク	値	順位
出遅れ率	C	22.3%	102位
アオリ率	A	1.1%	37位
脚質傾向	後	-0.3	89位
雁行逃げ率	低	20.8%	104位
Hペース率	普	4.2%	52位
マクリ率	普	1.2%	69位

道中

項目	ランク	値	順位
掛かり率	C	1.1%	101位
角ロス率	A	1.1%	17位
内回し率	高	54.3%	10位
外回し率	低	0.7%	7位

勝負処

項目	ランク	値	順位
早仕掛率	B	0.7%	87位
遅仕掛率	C	1.4%	106位
進路傾向	外	-0.6	104位
モタレ率	C	2.5%	107位

不利全般

項目	ランク	値	順位
被不利率	C	4.6%	102位
躓き率	高	1.6%	95位
接触率	高	1.9%	107位
挟まり率	普	0.5%	42位
包まれ率	普	0.3%	81位
詰まり率	低	0.3%	15位

シッティングプッシュのみの騎手

幸 英明

生月	1976年1月12日
年齢	48歳
身長	167.0cm
体重	50.0kg

被不利率が12位＝Sランク、不利全般に強い

騎乗成績

	着度数	勝率	連対率	複勝率	馬質
2015年～	571- 618- 669-6330/8188	7.0%	14.5%	22.7%	A
2023年～	62- 71- 86- 820/1039	6.0%	12.8%	21.1%	

騎乗フォーム解析

シッティングプッシュ

前傾度合い			ブレ度合い			ムチ技術力	
C	24.4	33位	C	6.6	29位	C	普通

JRA非公式データ

スタート

項目	ランク	値	順位
出遅れ率	A	13.6%	32位
アオリ率	C	2.1%	90位
脚質傾向	普	-0.1	54位
雁行逃げ率	高	5.4%	6位
Hペース率	普	4.5%	61位
マクリ率	普	2.9%	28位

道中

項目	ランク	値	順位
掛かり率	C	1.0%	94位
角ロス率	C	2.9%	103位
内回し率	普	49.4%	48位
外回し率	普	1.2%	38位

勝負処

項目	ランク	値	順位
早仕掛率	B	0.5%	54位
遅仕掛率	B	0.3%	34位
進路傾向	中	-0.1	55位
モタレ率	B	1.0%	60位

不利全般

項目	ランク	値	順位
被不利率	S	2.6%	12位
躓き率	普	1.1%	38位
接触率	低	0.4%	4位
挟まり率	普	0.6%	67位
包まれ率	普	0.2%	57位
詰まり率	低	0.3%	12位

通常追いのみの騎手

B.ムルザバエフ

生月	1992年9月17日
年齢	31歳
身長	169.0cm
体重	54.0kg

道中の掛かり率・角ロス率がSランクと優秀

騎乗成績

	着度数	勝率	連対率	複勝率	馬質
2015年～	51- 42- 39- 263/ 395	12.9%	23.5%	33.4%	A
2023年～	46- 37- 36- 243/ 362	12.7%	22.9%	32.9%	

騎乗フォーム解析

通常追い

前傾度合い			ブレ度合い			ムチ技術力	
B	18.1	40位	C	8.1	67位	B	多い

JRA非公式データ

スタート

項目	ランク	値	順位
出遅れ率	C	19.5%	91位
アオリ率	C	4.3%	107位
脚質傾向	普	0.1	36位
雁行逃げ率	高	3.4%	3位
Hペース率	低	13.8%	106位
マクリ率	普	1.8%	50位

道中

項目	ランク	値	順位
掛かり率	S	0.3%	5位
角ロス率	S	1.0%	12位
内回し率	低	39.7%	104位
外回し率	普	1.5%	69位

勝負処

項目	ランク	値	順位
早仕掛率	C	0.8%	96位
遅仕掛率	B	0.3%	26位
進路傾向	内	0.4	6位
モタレ率	S	0.5%	9位

不利全般

項目	ランク	値	順位
被不利率	B	3.3%	57位
躓き率	低	0.8%	8位
接触率	高	1.2%	91位
挟まり率	高	0.8%	80位
包まれ率	普	0.2%	27位
詰まり率	普	0.5%	59位

通常追いのみの騎手

J.モレイラ

生月	1983年9月26日
年齢	40歳
身長	165.0cm
体重	53.0kg

さすがマジックマン！騎乗フォームはほぼ完璧

騎乗成績

	着度数	勝率	連対率	複勝率	馬質
2015年～	167- 96- 55- 222/ 540	30.9%	48.7%	58.9%	S
2023年～	53- 39- 19- 88/ 199	26.6%	46.2%	55.8%	

騎乗フォーム解析

通常追い

前傾度合い			ブレ度合い			ムチ技術力	
S	11.5	1位	S	0.4	2位	S	多い

JRA非公式データ

スタート

項目	ランク	値	順位
出遅れ率	S	12.0%	13位
アオリ率	B	1.3%	52位
脚質傾向	前	1.0	3位
雁行逃げ率	普	11.3%	62位
Hペース率	高	1.9%	10位
マクリ率	高	12.4%	1位

道中

項目	ランク	値	順位
掛かり率	B	0.9%	93位
角ロス率	A	1.5%	46位
内回し率	普	45.0%	93位
外回し率	低	0.6%	4位

勝負処

項目	ランク	値	順位
早仕掛率	C	0.9%	104位
遅仕掛率	B	0.7%	100位
進路傾向	内	0.3	17位
モタレ率	B	0.9%	49位

不利全般

項目	ランク	値	順位
被不利率	C	5.6%	107位
躓き率	普	1.4%	80位
接触率	普	1.0%	75位
挟まり率	高	1.4%	106位
包まれ率	高	0.6%	106位
詰まり率	高	1.2%	107位

シッティングプッシュのみの騎手

横山和生

生月	1993年3月23日
年齢	31歳
身長	167.2cm
体重	52.0kg

前傾・アオリ率・モタレ率A、掛かり率はSランク

騎乗成績

	着度数	勝率	連対率	複勝率	馬質
2015年～	310- 272- 281-3090/3953	7.8%	14.7%	21.8%	B
2023年～	63- 64- 60- 493/ 680	9.3%	18.7%	27.5%	

騎乗フォーム解析

シッティングプッシュ

前傾度合い			ブレ度合い			ムチ技術力	
A	18.6	20位	B	3.6	6位	B	普通

JRA非公式データ

スタート

項目	ランク	値	順位
出遅れ率	C	24.5%	107位
アオリ率	A	1.0%	28位
脚質傾向	後	−0.3	85位
雁行逃げ率	普	12.1%	69位
Hペース率	低	6.1%	87位
マクリ率	高	5.4%	5位

道中

項目	ランク	値	順位
掛かり率	S	0.3%	7位
角ロス率	C	2.6%	97位
内回し率	普	51.8%	25位
外回し率	普	1.1%	30位

勝負処

項目	ランク	値	順位
早仕掛率	B	0.6%	79位
遅仕掛率	B	0.3%	38位
進路傾向	中	0.0	41位
モタレ率	A	0.7%	27位

不利全般

項目	ランク	値	順位
被不利率	B	3.6%	72位
躓き率	普	1.4%	75位
接触率	普	0.7%	54位
挟まり率	普	0.5%	35位
包まれ率	普	0.3%	90位
詰まり率	普	0.6%	91位

通常追いのみの騎手

横山武史

生月	1998年12月22日
年齢	25歳
身長	165.0cm
体重	45.3kg

ブレは5位＝Sランク、鞭テクもAランクと好評価

騎乗成績

	着度数	勝率	連対率	複勝率	馬質
2015年～	591- 480- 476-3519/5066	11.7%	21.1%	30.5%	A
2023年～	164- 114- 129- 614/1021	16.1%	27.2%	39.9%	

騎乗フォーム解析

通常追い

前傾度合い			ブレ度合い			ムチ技術力	
B	18.8	48位	S	0.7	5位	A	普通

JRA非公式データ

スタート

項目	ランク	値	順位
出遅れ率	B	14.7%	47位
アオリ率	B	1.2%	42位
脚質傾向	前	0.4	11位
雁行逃げ率	普	10.6%	51位
Hペース率	普	4.2%	54位
マクリ率	普	2.1%	43位

道中

項目	ランク	値	順位
掛かり率	A	0.5%	40位
角ロス率	S	1.0%	10位
内回し率	普	52.1%	23位
外回し率	普	1.2%	41位

勝負処

項目	ランク	値	順位
早仕掛率	B	0.5%	63位
遅仕掛率	B	0.5%	77位
進路傾向	外	−0.4	92位
モタレ率	B	1.2%	81位

不利全般

項目	ランク	値	順位
被不利率	C	4.4%	96位
躓き率	普	1.5%	89位
接触率	普	1.0%	79位
挟まり率	高	1.0%	98位
包まれ率	普	0.2%	69位
詰まり率	普	0.6%	84位

通常追いのみの騎手

横山琉人

生月	2003年1月8日
年齢	21歳
身長	160.0cm
体重	44.9kg

フォームはいまひとつも、詰まり率は2位と優秀

騎乗成績

	着度数	勝率	連対率	複勝率	馬質
2015年～	67- 55- 66-1169/1357	4.9%	9.0%	13.9%	C
2023年～	24- 21- 34- 446/ 525	4.6%	8.6%	15.0%	

騎乗フォーム解析

通常追い

前傾度合い			ブレ度合い			ムチ技術力	
C	22.0	69位	B	3.0	29位	C	多い

JRA非公式データ

スタート

項目	ランク	値	順位
出遅れ率	B	14.0%	37位
アオリ率	B	1.2%	40位
脚質傾向	普	−0.1	63位
雁行逃げ率	普	11.2%	59位
Hペース率	低	9.0%	101位
マクリ率	低	0.6%	97位

道中

項目	ランク	値	順位
掛かり率	B	0.6%	54位
角ロス率	A	1.3%	34位
内回し率	普	48.5%	60位
外回し率	高	2.0%	97位

勝負処

項目	ランク	値	順位
早仕掛率	B	0.5%	62位
遅仕掛率	B	0.4%	55位
進路傾向	外	−0.3	84位
モタレ率	B	1.1%	71位

不利全般

項目	ランク	値	順位
被不利率	C	4.4%	97位
躓き率	高	1.9%	101位
接触率	高	1.3%	99位
挟まり率	高	0.8%	79位
包まれ率	普	0.3%	77位
詰まり率	低	0.1%	2位

シッティングプッシュのみの騎手

吉田隼人

生月	1983年12月20日
年齢	40歳
身長	160.0cm
体重	48.0kg

ブレ度合いは4位＝Aランク、モタレ率はSランク

騎乗成績

着度数		勝率	連対率	複勝率	馬質
2015年～	602- 549- 500-4624/6275	9.6%	18.3%	26.3%	A
2023年～	54- 64- 48- 530/ 696	7.8%	17.0%	23.9%	

騎乗フォーム解析

シッティングプッシュ

前傾度合い			ブレ度合い			ムチ技術力	
A	18.1	17位	A	2.3	4位	B	普通

JRA非公式データ

スタート

項目	ランク	値	順位
出遅れ率	B	16.6%	66位
アオリ率	B	1.5%	60位
脚質傾向	普	0.1	39位
雁行逃げ率	普	13.4%	78位
Hペース率	普	3.2%	31位
マクリ率	普	2.4%	34位

道中

項目	ランク	値	順位
掛かり率	B	0.6%	61位
角ロス率	B	1.9%	71位
内回し率	普	45.7%	87位
外回し率	普	1.7%	79位

勝負処

項目	ランク	値	順位
早仕掛率	B	0.4%	47位
遅仕掛率	B	0.3%	37位
進路傾向	内	0.3	15位
モタレ率	S	0.6%	17位

不利全般

項目	ランク	値	順位
被不利率	A	2.9%	22位
躓き率	低	1.0%	32位
接触率	普	0.7%	43位
挟まり率	普	0.5%	29位
包まれ率	普	0.2%	44位
詰まり率	普	0.5%	72位

落馬事故により負傷欠場中（2024 年4月末時点）

通常追いのみの騎手

吉田　豊

生月	1975年4月19日
年齢	49歳
身長	159.0cm
体重	48.0kg

勝負処の早仕掛率は2位＝Sランク

騎乗成績

	着度数	勝率	連対率	複勝率	馬質
2015年〜	235- 275- 285-3585/4380	5.4%	11.6%	18.2%	B
2023年〜	32- 32- 38- 460/ 562	5.7%	11.4%	18.1%	

騎乗フォーム解析

通常追い

前傾度合い			ブレ度合い			ムチ技術力	
B	18.3	44位	C	4.6	49位	B	普通

JRA非公式データ

スタート

項目	ランク	値	順位
出遅れ率	C	20.3%	95位
アオリ率	B	1.2%	44位
脚質傾向	後	−0.5	102位
雁行逃げ率	普	12.6%	73位
Hペース率	普	4.8%	66位
マクリ率	低	0.8%	89位

道中

項目	ランク	値	順位
掛かり率	B	0.6%	62位
角ロス率	B	1.6%	49位
内回し率	普	50.7%	31位
外回し率	普	1.0%	18位

勝負処

項目	ランク	値	順位
早仕掛率	S	0.2%	2位
遅仕掛率	B	0.4%	65位
進路傾向	内	0.4	10位
モタレ率	B	0.9%	43位

不利全般

項目	ランク	値	順位
被不利率	B	3.4%	64位
躓き率	低	1.0%	28位
接触率	高	1.4%	103位
挟まり率	低	0.4%	23位
包まれ率	低	0.1%	24位
詰まり率	普	0.5%	68位

通常追いのみの騎手

C.ルメール

生月	1979年5月20日
年齢	44歳
身長	163.0cm
体重	53.0kg

騎乗フォーム3要素に馬質までS！ブレは1位

騎乗成績

	着度数	勝率	連対率	複勝率	馬質
2015年～	1599-1102- 799-3077/6577	24.3%	41.1%	53.2%	S
2023年～	211- 148- 110- 368/ 837	25.2%	42.9%	56.0%	

騎乗フォーム解析

通常追い

前傾度合い			ブレ度合い			ムチ技術力	
S	13.9	7位	S	0.2	1位	S	多い

JRA非公式データ

スタート

項目	ランク	値	順位
出遅れ率	B	14.7%	48位
アオリ率	B	1.7%	70位
脚質傾向	前	0.6	7位
雁行逃げ率	普	11.6%	65位
Hペース率	普	5.1%	70位
マクリ率	高	4.3%	10位

道中

項目	ランク	値	順位
掛かり率	A	0.5%	46位
角ロス率	A	1.2%	26位
内回し率	低	38.9%	105位
外回し率	普	1.5%	64位

勝負処

項目	ランク	値	順位
早仕掛率	B	0.5%	56位
遅仕掛率	B	0.7%	94位
進路傾向	内	0.4	8位
モタレ率	S	0.5%	10位

不利全般

項目	ランク	値	順位
被不利率	A	3.0%	36位
躓き率	普	1.2%	51位
接触率	普	0.7%	49位
挟まり率	低	0.4%	20位
包まれ率	普	0.3%	87位
詰まり率	普	0.5%	63位

通常追いのみの騎手

鷲頭虎太

生月	2003年12月6日
年齢	20歳
身長	163.0cm
体重	46.8kg

ブレ度合いはB、道中の掛かり率は17位と健闘

騎乗成績

	着度数	勝率	連対率	複勝率	馬質
2015年～	19- 30- 20- 480/ 549	3.5%	8.9%	12.6%	C
2023年～	12- 22- 14- 326/ 374	3.3%	9.4%	13.0%	

騎乗フォーム解析

通常追い

前傾度合い			ブレ度合い			ムチ技術力	
C	19.2	52位	B	3.2	31位	B	普通

JRA非公式データ

スタート

項目	ランク	値	順位
出遅れ率	C	20.8%	97位
アオリ率	C	2.4%	97位
脚質傾向	後	−0.6	104位
雁行逃げ率	高	8.3%	28位
Hペース率	高	2.8%	20位
マクリ率	低	0.8%	90位

道中

項目	ランク	値	順位
掛かり率	A	0.4%	17位
角ロス率	C	3.5%	107位
内回し率	普	47.5%	68位
外回し率	普	1.1%	25位

勝負処

項目	ランク	値	順位
早仕掛率	C	0.9%	102位
遅仕掛率	B	0.7%	97位
進路傾向	内	0.3	13位
モタレ率	B	1.1%	70位

不利全般

項目	ランク	値	順位
被不利率	C	4.8%	105位
躓き率	普	1.3%	61位
接触率	高	1.2%	90位
挟まり率	高	1.1%	103位
包まれ率	高	0.4%	104位
詰まり率	高	0.8%	104位

通常追いのみの騎手

和田竜二

生月	1977年6月23日
年齢	46歳
身長	165.0cm
体重	50.0kg

鞭テクはAランク、スタート良く先行馬向く

騎乗成績

	着度数	勝率	連対率	複勝率	馬質
2015年～	567- 732- 722-6238/8259	6.9%	15.7%	24.5%	A
2023年～	60- 82- 79- 872/1093	5.5%	13.0%	20.2%	

騎乗フォーム解析

通常追い

前傾度合い			ブレ度合い			ムチ技術力	
B	18.2	42位	C	14.7	78位	A	多い

JRA非公式データ

スタート

項目	ランク	値	順位
出遅れ率	S	9.6%	2位
アオリ率	B	1.5%	63位
脚質傾向	前	0.7	4位
雁行逃げ率	普	10.0%	43位
Hペース率	普	4.1%	47位
マクリ率	普	3.2%	20位

道中

項目	ランク	値	順位
掛かり率	B	0.6%	50位
角ロス率	B	1.8%	67位
内回し率	普	47.7%	67位
外回し率	普	1.1%	27位

勝負処

項目	ランク	値	順位
早仕掛率	A	0.3%	27位
遅仕掛率	B	0.3%	39位
進路傾向	中	-0.3	79位
モタレ率	C	2.0%	105位

不利全般

項目	ランク	値	順位
被不利率	A	3.0%	34位
躓き率	普	1.4%	71位
接触率	低	0.5%	18位
挟まり率	普	0.6%	63位
包まれ率	普	0.2%	59位
詰まり率	低	0.3%	26位

紙幅の都合によりＶＩＰ以外の騎手の掲載は72名になったが、それ以外の騎手についても能力を数値化している。本書に掲載することができなかった騎手、デビューしたばかりの新人騎手、短期免許で来日する外国人騎手の評価は【ジョッキーVAR特設サイト】（※詳細はカバーソデ、もしくは奥付の著者プロフィール部分を参照）にてご確認いただきたい。

第3章

デカ盛りの払戻を実現した！

だから稼げる【ジョッキーVAR】馬券活用編

コレが馬券の狙い目となる乗り替わり3カ条！

本章では【ジョッキーVAR】を活用した馬券の買い方について、私が実際に的中させたレースを例に説明していきたい。

基本的な狙い目は、技術力が高い（上回る）騎手への乗り替わりになるのだが、なかでもとくに次の3パターンがオススメとなる。

①VIP騎手への乗り替わり

名鑑でVIP騎手として取り上げた15名は問答無用でオススメ。前走騎乗騎手より技術力で上回らなくても、減量特典があったり、オッズ的な妙味があったりする騎手（過剰人気しない騎手）であれば、同水準レベル同士の乗り替わりで問題なく狙っていける。

②スタートSランク騎手への乗り替わり

先行有利の傾向にある現代競馬において、スタートを決めるというのは非常に重要なポイントだ。そのほかにも、揉まれたくない、砂を被りたくない、コーナーロスを抑えたいなど、思い描いた通りの競馬をするためには、スタートを決めるのが前提条件となる。

スタートが上手い騎手に乗り替わって、スムーズな競馬ができたとたんに一変する馬は少なくないので、スタートSランク騎手への乗り替わりは注目しなければならない。

③異なる騎乗法の騎手への乗り替わり

ルメール騎手のようにどんなタイプの馬でも乗りこなせるオールラウンダーはいるが、基本的には騎手と馬には相性が存在する。

ストライドの大きい馬のほうが自身の騎乗フォームと合うこともあれば、シッティングプッシュで馬を叱咤激励する騎乗が合うというケースもあるだろう。

よって、結果が出ていない馬に乗り替わる場合は、通常追いの騎手→シッティングプッシュの騎手、シッティングプッシュの騎手→通常追いの騎手のように騎乗フォームが異なる騎手同士で乗り替わるパターンがオススメとなる。

松山→△西塚騎手の乗り替わりを狙い撃ち、3連単40万馬券！

◆的中例①：2024年3月9日（土） 中京3R 3歳未勝利

このレースで注目したのはＶＩＰ騎手の西塚洸二騎手が騎乗する①スノーディーヴァ。松山弘平騎手からの乗り替わりだった。

前走で馬券圏内に入った馬はわずか1頭で、前走が二桁着順の馬や初出走の馬が大半を占める低レベルのメンバー構成。スノーディーヴァはデビュー戦の前走で9着に敗れていたが、勝ち負けの争いに加わってもおかしくないと判断できた。

このように能力が拮抗していると考えられるレースで、斤量2キロ減の恩恵は非常に大きい。前走に

VAR好評価の
減量騎手から
３連単40万馬券を
1000円的中！
払戻**400万**3800円！

中京 3R 三歳未勝利 発馬 10.45

	白1	黒2	赤3	青4	黄5 5	黄5 6
父	エイシンヒカリ	グレーターロンドン	オルフェーヴル	ビーチパトロール	アルアイン	リオンディーズ
馬名	スノーディーヴァ	ピースワンデュック	カラヲヤブレ	ライフセービング	ワイマング	サンタルチア
母	スノースタイル 2勝	ピースワンオーレ 未勝	アールマティーニ 未勝	レインダンス 3勝	レディオブヴェニス 仏	プレシャスメイト 2勝
毛色・斤量	芦 53 牝3	鹿 57 牡3	鹿 57 牡3	黒鹿 57 牡3	鹿 57 牡3	青鹿 54 牝3
騎手	△西塚	柴田善	長岡	藤岡康	荻野極	☆秋山稔
厩舎	深山	大竹	吉村	宮	池江寿	小野次
賞金	0			0	0	0
馬主名	ノルマンディーTR	長谷川成利	KRジャパン	吉田照哉	G1レーシング	畑佐博
牧場名	岡田S	大江牧場	前谷武志	社台F	白老F	千代田牧場
最1800 高2000	東 1494⑨			阪 1487③ 阪 2008④	阪 1488② 芝 1369⑮	東 1495⑦
母の父	ホワイトマズル	ジャングルポケット	マジェスティックバ	ダンスインザダーク	ルーソリテール	ステイゴールド
馬体重		450キロ	440キロ			

1-8 43.5
2-2 —
2-3 ☆
2-4 ☆
2-5 46.7
2-6 73.7
2-7 ☆
2-8 37.6
3-3 —
3-4 36.3
3-5 16.2
3-6 25.7
3-7 76.2
3-8 13.1
5-6 8.2
5-7 24.6
5-8 4.2
6-6 29.9
6-7 38.9
6-8 6.6
7-7 ☆
7-8 19.8
8-8 57.8

軸馬 5
単穴 3
連 1 12 4

入着級 ○有力 ▲単穴 ☆特注 △連下 ★伏兵 情報 波乱含

2024年 3月 9日(土)
中京：3R

合計購入金額 144,000円
合計払戻金額 4,003,800円

受付番号から確認⇒

中山 阪神 中京

1R 2R 3R 4R 5R 6R
7R 8R 9R 10R 11R 12R

すべて開く

0016 001) 中京（土）3R 3連単フォーメーション
的中 購入金額:84,000円 払戻金額:4,003,800円
0016 002) 中京（土）3R 3連単フォーメーション
購入金額:60,000円 払戻金額:0円

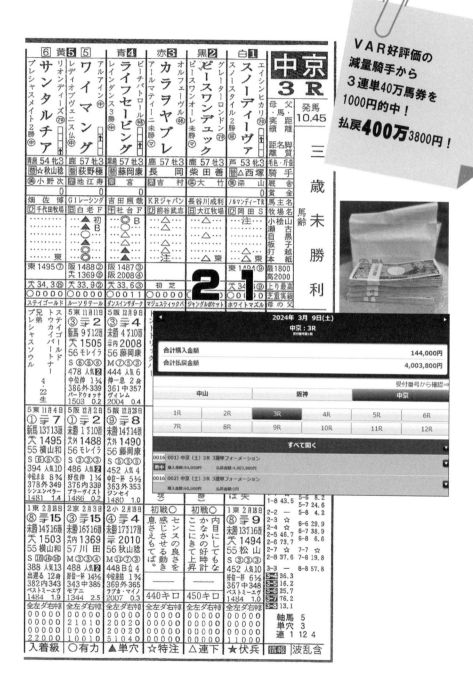

●2024年3月9日・中京3R(3歳未勝利、芝2000m)

1着①スノーディーヴァ

△西塚洸二騎手・53キロ

(7番人気)

2着②ピースワンデュック

柴田善臣騎手・57キロ

(9番人気)

3着⑦ルクスマーベリック

横山典弘騎手・57キロ

(6番人気)

単① 1800円

複① 390円

② 610円

⑦ 400円

馬連①−② 21630円

馬単①→② 33090円

3連複①②⑦ 69580円

3連単①→②→⑦ 400380円

12	桃8 11	10	橙7 9	8	緑6 7
モーリス(マ中)	スクリーンヒーロー(長)	ゴールドシップ(中長)	リオンディーズ(マ中)	レイデオロ(中長)	エピファネイア(中長)
シュヴェルトリリエ	バウンスライト	コスモカノア	メイケイノヴァ	クロノネクサス	ルクスマーベリック
リスグラシュー 7勝(長)	コスモフットライト 未勝(マ)	スウィートレイラニ 未勝(中)	オーシャンビーナス 2勝(中)	クロノロジスト 1勝(マ)	サトノアイリ 1勝(短)
鹿 57 牡3	栗 57 牡3	鹿 52 牝3	鹿 55 牝3	芦 55 牝3	鹿 57 牡3
替三浦	替野中	替▲永島	替富田	北村友	替横山典
栗矢作	美中川	美大和田	栗武英	栗斉藤崇	栗松永幹
0	0	0	0		0
キャロットF	ビッグレッドF	ビッグレッドF	名古屋競馬	サンデーR	ルクス
安ノーザンF	新ビッグレッドF	新ビッグレッドF	安ノーザンF	安ノーザンF	ひ千代田牧場
○	…	…	…	△	△
◎	…	△	…	注	△
◎	…	…	△	注	▲
○	…	注	…	◎	△
○	…	△	…	注	△
○	東	△東	…	△	△
阪2017③	芝16 1357⑨	東1485④ 新2054❼	小1518⑬ 芝14 1248⑧		小1496⑪ …⑦
芝20 34.9③	芝16 34.9⑩	芝18 34.1⑦	芝14 34.5⑧	初芝	…⑪
○0000	○0000	○0001	○0000	○0000	…0
ハーツクライ	ネオユニヴァース	ディープインパクト	リンカーン	クロフネ	ステイゴールド
レース診断 上昇度◎ 完璧に運んだが最後脚色鈍る。距離短くても	ネオユニヴァース ムーンライトガーデンズ 6・7生 兄弟 マイネルプデット	5東 11月19日 ⑥3歳4 牝馬未勝 10ト16頭 芝18 1485 55津村 S ⑩⑨⑩ 378 人気7 中位伸る 3½ 374中346 フォーザボーイ 1480 0.5	リンカーン ブリリアントベリー 1・27生 兄弟 ヒミングレーヴァ	クロフネ 21・4・3生 インディスユニゾン	3新 8月19日 ③3歳2 新馬 13ト14頭 ダ18 1581 55西村淳 S ⑥③④ 458 人気1 好位伸 4身 398中394 ブルーブリマド 1575 0.6
4阪 9月24日 ⑦3歳3 新馬 6ト7頭 芝20内 2017 55坂井 S ③③③ 448 人気2 好位粘る 2½ 382中349 ショウナンラブ 2013 0.4	4東 10月28日 ⑧3歳10 新馬 12ト13頭 芝16 1364 56野中 S ⑩⑩⑩ 444 人気11 中位まま 10½ 372内349 ショウナンラピ 1347 1.7	5中 12月16日 ⑤3歳7 牝馬未勝 4ト16頭 芝18内 1500 55津村 S ⑮⑬⑫ 376 人気7 後方差詰 8身 388外356 メイショウヨゾ 1487 1.3	4中京 12月3日 ②3歳8 新馬 5ト10頭 芝14 1248 55岩田望 S ⑩⑩⑩ 410 人気7 出遅る 10身 378内345 アルトゥーム 1231 1.7	兄弟 クロノジェネシス(8勝) ノームコア(7勝)	4新 10月14日 ①3歳7 未勝 3ト12頭 ダ18 1564 56秋山真 M ⑨⑧⑧ 446 人気3 出遅る 10½ 388中393 ブリーズオンチ 1547 1.7
5ヵ月半 放牧 乗込み2週間 仕上り○ 理想体重 450キロ 3ヵ月以上休 ①②③外 0010	1東 2月4日 ④3歳9 未勝 2ト15頭 芝16 1357 57木幡巧 S ⑫⑪⑪ 452 人気14 出遅る 11身 368内355 テウメッサ 1339 1.8	1東 2月18日 ⑧3歳7 未勝 3ト16頭 芝18 1491 55戸崎圭 S ⑥⑥⑥ 374 人気9 中位まま 4½ 371内341 ベストミーエヴ 1484 0.7	2小 2月25日 ⑥3歳13 未勝 7ト16頭 芝18 1518 55藤岡佑 M ⑯⑭⑬ 406 人気12 出遅る 13身 388外377 セレスト 1497 2.1	初戦○ まだ成長途上の印象だが、軽い芝なら走れそう —— 410キロ	2小 2月18日 ④3歳11 未勝 8ト16頭 芝18 1496 57丸山 M ②②② 456 人気3 先行一杯 9¼ 371中383 グレイトクラウ 1481 1.5
全左ダ右中京	全左ダ右中京	全左ダ右中京	全左ダ右中京	全左ダ右中京	全左ダ右中京
00000	00000	00000	00000	00000	00000
00000	00000	00000	00000	00000	10100
10010	00000	00000	00000	00000	00000
00000	22000	65010	21011	00000	20110
○有力	入着級	△連下	連なら	△連下	△連下

騎乗していた松山騎手も技術力が高く優秀で、ブレ度合いこそ松山騎手のほうが上だが、前傾度合いは西塚騎手のほうが上回る。減量特典を考慮すれば、この乗り替わりはプラスととらえることができた。

また、スノーディーヴァの前走はコーナーで終始外を回すコーナーロスがあり、前著の理論からも加点材料を確認できた。そういった意味でも、角ロス率Cランクの松山騎手から、角ロス率Aランクの西塚騎手への乗り替わりは歓迎なので、馬券の軸として勝負できるという決断を下すに至った。

3着に入った⑦ルクスマーベリックは初芝の前走で11着と大敗。しかし、今回はVIP騎手の横山典弘騎手への乗り替わりで、前走の丸山元気騎手と比べて前傾度合い・ブレ度合いともに大きく上回ることに加え、シッティングプッシャーから通常追いへの異なる騎乗法への乗り替わりというプラス要素だらけの1頭だった。一変の可能性を秘めていることは明らかだったので、馬券のヒモに加えることができた。

2着の②ピースワンデュックは今回が既走馬相手の初出走。よって、乗り替わりが推奨根拠になったわけではない。しかし、この日は重賞が行なわれる中山と、オープン特別が行なわれる阪神にトップジョッキーが流れており、中京開催は馬だけでなく騎手も低レベル。こういうレースは初出走の馬が激走しやすいので、注目することができた。

追切で動いていたり、血統が良かったりすることも大切だが、初出走というハンデを乗り越えられる可能性の高い、低レベルのメンバー構成だった点が何より重要。【ジョッキーＶＡＲ】の理論とはまったく関係ないが、つねに活用できる馬券戦略のひとつとして覚えておいていただきたい。

過剰人気にならないお値打ちもの?川田→横山典騎手で大儲けの巻

◆的中例②:2024年3月10日(日) 中京7R 4歳以上1勝クラス

私が迷うことなく狙ったのは、VIP騎手の横山典弘騎手が騎乗する⑨アイルシャインである。

川田将雅騎手からの乗り替わりかつ、川田騎手が同レースで別の馬を選んだこともあってか、単勝13・9倍とかなりオイシイオッズを示していた(一方の川田騎手騎乗の⑧ホウオウムサシは単勝1・7倍の抜けた人気に)。

名鑑の数値をご覧になればわかる通り、横山典騎手と川田騎手の追う技術ほぼ同等レベルで、乗り替わり自体がプラスになるわけではない。しかし、配当妙味は格段にアップする。

また、前走は川田騎手で結果が出なかったわけだが、川田騎手はシッティングプッシュを多用するのに対し、横山典騎手は通常追い。さらに、戦術的な特徴を見ても得意分野が異なるように、乗り替わりで一変する可能性があった。

実際にレースでは、横山典騎手が見事な騎乗で川田騎手騎乗のホウオウムサシの追撃を振り切りクビ差先着。少頭数のレースにしてはなかなかの好配当になった。

横山典騎手と川田騎手を比較した際に、戦術面では出遅れ率・角ロス率・遅仕掛率が劣るのだが、そもそもアイルシャインは追い込み馬なので、出遅れ率は問わない。

加えて、10頭立てという少頭数レースはコーナーロスや仕掛け遅れが発生しにくいため、川田騎手からの乗り替わりによる戦術面でのウィークポイントも少ない。その点が横山典騎手推しを後押ししてく

モタレない、人気にならない
ベテラン横山典騎手から
単勝13.9倍を1万円的中!
馬連14.7倍を5万円的中!
3連複14.5倍を6000円的中!
払戻計**96万**1000円!

中京 7R
発馬 13.10
四歳以上1勝クラス
㊊・定量

項目	白1	黒2	赤3	青4
馬名	レオンバローズ	アクートゥス	レディズビーク	㊇レッドアーバイン
父	エピファネイア㊙	ルーラーシップ㊙	ドゥラメンテ㊙	キングマン㋮
母・馬実績	ニコールバローズ4勝㊢	アッフィラート4勝㊥	レディホークフィールド愛㊥	スピーディボーディング英㊥
毛色・斤量	黒鹿 58 牡5	鹿 56 牡4	青鹿 56 牝5	黒鹿 58 牡4
騎手	菅原明	△西塚	戸崎圭	三浦
厩舎	渡辺	藤原英	池江寿	手塚
賞金	400	400	400	400
総賞金	2685	605	1715	690
馬主名	猪熊広次	社台RH	青芝商事	東京HR
牧場名	三嶋牧場	白老F	ノーザンF	イギリス
小桧山	△		△	
瀬古	注		△	
目黒	◎	△	△	
板子	▲	△	△	
打越	▲		△	
本紙	▲	△	△	東
芝1200	[illegible]⑮	新1099⑧	1294⑤	
芝1400	[illegible]	阪1212①	1232⑫	2045⑧
芝1600	阪[illegible]		東1332⑤	中1355①
芝1800	[illegible]		新1460⑨	中1499③
上り最高	34.1⑤	34.6①	34.3④	34.9③
騎乗成績	初騎乗	1 0 0 2	初騎乗	初騎乗
クラス実績	0 3 2 9	0 0 0 2	0 1 0 11	0 0 0 1
当該条件	0 1 0 3	初コース	1 0 0 3	初コース
芝コース重の実績	○0001	○0002	○0100	○0000
母の父	ゼンノロブロイ	ディープインパクト	ホークウイング	シャマーダル
兄弟馬	ミセスバローズ	初仔	マスターアプレンティス	——
千二のみ	0 1 0 0	0 0 1 0	0 1 0 0	0 1 0 0
千四のみ	1 4 0 0	0 0 0 0	2 0 0 0	0 0 0 0
千六のみ	1 1 0 0	0 0 0 0	0 0 0 0	1 0 0 0
千七含む	2 6 2 0	0 0 2 1	4 6 1 0	0 1 0 0
近走1	3京 11月18日 ⑤ 三才上 3 1勝 12ト14頭 芝外1350 58団野 S ⑪①⑦ 470 人気3 後方伸 3½ 366外341 テンノメッセー 1344 0.6	4阪 9月10日 ② 三才上 1勝 13ト14頭 芝内 除外 53西塚 470 放馬のため ルカン 1202	4新 10月29日 6 2 1勝 1ト13頭 芝外1511 56津村 S ⑩⑧⑥ 470 人気4 中位伸 1¼ 383内354 ウィステリアアリ 1509 0.2	2中 3月11日 ⑤ 三才 3 未勝 8ト16頭 芝内1499 56Mデムーロ S ①②① 482 人気5 逃粘る ½身 381内349 ガレストロ 1499 0.0
近走2	4中京 12月2日 ① 三才上 2 1勝 7ト16頭 芝1336 58松若 M ⑨⑧⑧ 478 人気2 中位伸 2½ 371内343 フェイト 1332 0.4	4新 10月29日 6 三才上 12 1勝 15ト18頭 芝内1256 53西塚 M 7⑩⑪ 464 人気6 出遅る 16¾ 352中381 ペガリス 1229 2.7	5東 11月18日 ⑤ 三才上 5 1勝 9ト15頭 芝1332 56津村 S ⑧⑤⑤ 466 人気10 中位差詰 4¼ 355中351 エンデミズム 1325 0.7	3中 4月9日 6 三才 1 未勝 4ト16頭 芝外1355 56Mデムーロ M ①②③ 480 人気1 G前差す ½身 359中364 アイソラシー 1356 0.1
近走3	1京 1月13日 ④ 四才上 8 1勝 12ト18頭 芝外1357 58松若 S ⑤⑤③ 478 人気1 好位一杯 3½ 355外354 スズカダブル 1351 0.6	4ヵ月余 放牧 乗込み4週間 仕上り○ 連対体重 472キロ 3ヵ月以上休 ①②③外 0 0 0 2	4中京 12月17日 ⑥ 三才上 7 牝1勝 4ト16頭 芝1348 56Hドイル M ⑩⑫12 466 人気3 後方差詰 1½ 368中351 ステラパルセロ 1345 0.3	1中 1月14日 ⑤ 四才上 10 1勝 13ト16頭 芝外1357 57岩田望 S ⑥⑨⑨ 500 人気10 中位まま 6½ 369外350 ロゼル 1346 1.1

距離別勝利度数	
1-7	5.8
1-8	10.5
2-2	—
2-3	☆
2-4	☆
2-5	☆
2-6	☆
2-7	30.4
2-8	54.5
3-3	
3-4	
3-5	
3-6	
3-7	
3-8	
4-4	
4-5	
4-6	
4-7	
4-8	
5-5	
5-6	
5-7	
5-8	
6-6	
6-7	
6-8	
7-7	
7-8	
8-8	
軸馬	
単穴	5
連	7 1 3

0082 001) 中京 (日) 7R 単勝
的中 購入金額:10,000円 払戻金額:139,000円

0082 002) 中京 (日) 7R 馬連
的中 購入金額:50,000円 払戻金額:735,000円

0082 003) 中京 (日) 7R 馬連
購入金額:10,000円 払戻金額:0円

0082 004) 中京 (日) 7R 3連複軸2頭ながし
的中 購入金額:30,000円 払戻金額:87,000円

●2024年3月10日・中京7R（4歳上1勝クラス、芝1600m）

1着⑨アイルシャイン
横山典弘騎手・58キロ
（5番人気）
2着⑧ホウオウムサシ
川田将雅騎手・58キロ
（1番人気）
3着①レオンバローズ
菅原明良騎手・58キロ
（2番人気）

単⑨ 1390円
複⑨ 260円
⑧ 110円
① 140円
馬連⑧－⑨ 1470円
馬単⑨→⑧ 3820円
3連複①⑧⑨ 1450円
3連単⑨→⑧→① 12510円

10 桃8	9	8 橙7	7	緑6	黄5
ロードカナロア㋮	ヴィクトワールピサ㊥	ドゥラメンテ㊥	シルバーステート㋮	ドゥラメンテ㊥	ハービンジャー㊥
エールトゥヘヴン	アイルシャイン	ホウオウムサシ	シルバースペード	ノットファウンド	ダークブロンド
キストゥヘヴン5勝㊥	ベストオブミー2勝㋮	メリッサ6勝㊥	サトノベリーニ未勝㋮	ソーメニーウェイズ米㊕	モンローブロンド4勝㊕
鹿 58 牡5	鹿 58 牡4	黒鹿 58 牡4	黒鹿 57 牡4	黒鹿 56 牝4	黒鹿 56 牝4
替ルメール	替横山典	替川田	替☆秋山稔	替幸	替北村友
㊤戸田	栗新谷	㊤蛯名正	㊤小野次	㊤国枝	栗高橋亮
400	400	400	400	0	400
1963	900	2430	1210	560	1391
DMMドリームC	勝本竜二	小笹芳央	矢野琢也	江馬由将	吉田勝己
日オリオンF	ひ千代田牧場	ひ岡田S	ひフジワラF	安ノーザンF	安ノーザンF
▲ ▲ 注 ○ ◎ ○ 東	△ △ △ △ △ △	◎ ○ ○ ◎ ○ ◎ 東	注 … … … △ △ 東	△ … … … △ … 東	○ ◎ ▲ 注 注 注
芝2000 2003⑤ 東1329② 東1464④	芝ダ 8⑨ 芝 5⑬ 京 1 0③ 阪 1 7①	芝 ② …	芝2000 2005④ 東1337⑥ 東1464⑥	東1474③	芝2400 2476⑯ 阪1230① 京1343③ 阪1478⑥
芝1600 33.8⑦ 0 2 0 0	芝1600 33.0⑥ 0 0 1 3	芝1800 33.1② 初騎乗	芝1800 33.5③ 初騎乗	芝1800 34.1② 初騎乗	芝1400 34.3① 0 0 0 3
0 1 0 7 初コース	0 0 1 3 初コース	0 4 0 1 0 1 0 0	0 0 1 4 初コース	0 0 0 0 初コース	0 0 2 7 0 0 1 1
○0 0 0 0	○0 0 0 1	○0 0 1 0	○0 0 1 0	○0 0 0 0	○0 0 0 0
アドマイヤベガ	ブライアンズタイム	ホワイトマズル	キングカメハメハ	サイトシーイング	アドマイヤベガ
タイムトゥヘヴン	エポックヴィーナス	カツジ	アーサーテソーロ	ダノングロワール	サーブルオール
芝1800 芝1600 芝1400 芝1200 0 1 0 0 0 2 0 0 0 0 0 0 2 7 0 0	芝1800 芝1600 芝1400 芝1200 1 0 0 0 0 0 0 0 0 1 0 0 1 3 0 0	芝1800 芝1600 芝1400 芝1200 1 0 0 0 2 1 0 0 0 0 0 0 1 0 0 0	芝1800 芝1600 芝1400 芝1200 0 1 0 0 0 0 0 0 1 2 0 0 6 1 0 0	芝1800 芝1600 芝1400 芝1200 0 0 0 0 2 0 0 0 1 0 0 0 2 0 0 0	芝1800 芝1600 芝1400 芝1200 0 0 1 0 0 0 0 0 0 2 0 0 5 2 0 0
3東 6月24日 ⑦ 三才上 2 1勝12ト16頭 芝1600 1329 58 ルメール M ⑪⑪⑪ 466 人気3 中位伸 クビ 353中343 キタノブライド 1329 0.0	2東 5月21日 ⑩ 三才 6 1勝11ト11頭 芝1600 1342 56 横山典 S 11⑪⑪ 472 人気5 後方差詰 6¼ 374内331 シルトホルン 1331 1.1	4中京 12月10日 ④ 三才上 2 1勝8ト12頭 芝1600 1337 57 吉田隼 S 8⑧⑧ 446 人気1 後方伸 ハナ 370中338 アサカラキング 1337 0.0	4東 10月8日 ② 三才上 6 1勝11ト16頭 芝1600 1337 56 石橋脩 S 8⑪⑪ 470 人気3 出遅る 3¾ 360中339 ココクレーター 1332 0.5	5中 22年12月 6 三才 11 牝馬未勝 6ト16頭 芝1800内 1516 54 戸崎圭 S ⑥⑥⑤ 494 人気1 好位一杯 6身 380中364 ルージュクレセ 1506 1.0	3福 11月19日 ⑥ 磐梯 16 1勝16ト16頭 芝2600 2476 54 Hドイル S ⑪⑥⑩ 418 人気10 追上一杯 16身 401外386 シリンガバルガ 2449 2.7
5中 12月23日 ⑦ ノエル賞 5 1勝10ト16頭 芝1600外 1359 58 横山武 S ⑧⑦⑦ 472 人気2 中位伸も 3¼ 365外345 ウインレイアー 1354 0.5	5阪 12月23日 ⑦ 三才上 6 1勝4ト14頭 芝1600外 1347 57 横山典 S 14⑭⑩ 484 人気3 出遅る 3½ 376外330 バトルハーデン 1341 0.6	1東 1月27日 ① 四才上 2 1勝10ト16頭 芝1800 1476 57 石川 S 13⑬⑫ 452 人気1 内つき伸 クビ 377内331 コスモシャング 1475 0.1	4東 10月21日 ⑥ 三才上 6 1勝9ト9頭 芝1800 1477 56 横山和 S ⑤⑤④ 468 人気4 中位まま 2½ 377外342 グランドカリナ 1473 0.4	1東 23年2月 ⑧ 三才 2 未勝 3ト16頭 芝1800 1478 54 戸崎圭 S ②③④ 490 人気4 好位伸 1¼ 364内346 ウィステリアリ 1476 0.2	1京 1月13日 ④ 四才上 4 1勝7ト18頭 芝1600外 1356 55 ルメートル S ⑤⑤⑥ 422 人気13 好位一息 2¾ 355中352 スズカダブル 1351 0.5
1中 1月14日 ⑤ 四才上 5 1勝1ト16頭 芝1600外 1351 58 横山武 S 11⑨⑩ 468 人気3 S後躓く 3身 372中343 ロゼル 1346 0.5	1京 1月14日 ⑤ 四才上 9 1勝13ト15頭 ダ1800 1548 57 川田 H 11⑩10 484 人気3 後方まま 11身 369外396 グレン 1530 1.8	1東 2月18日 ⑧ 四才上 4 1勝4ト16頭 芝1800 1465 57 ムルザバエフ M 13⑩⑧ 450 人気1 出遅る 1¾ 364中350 ロードプレイヤ 1462 0.3	1東 1月27日 ① 四才上 16 1勝16ト16頭 芝1800 1486 54 小林勝 S ③④④ 488 人気7 折合欠 6½ 370外347 コスモシャング 1475 1.1	12ヵ月半 ヒザ不安放牧 乗込み4週間 仕上り○ 連対体重 490～494 3ヵ月以上休 ①②③外 0 0 1 1	2京 2月11日 ⑥ 四才上 3 1勝11ト11頭 芝1600外 1343 56 ルメートル M ⑨⑨⑧ 418 人気6 後方伸 ¾身 362外354 エンタングルメ 1341 0.2

れた。

というよりむしろ、川田騎手がB評価、横山典騎手がS評価となっているモタレ率の低さ＝真っすぐ追えることが、直線が長いコースかつ追い込み脚質のアイルシャインには向くと考えられた。

なお、2着に入った川田騎手騎乗のホウオウムサシは、ムルザバエフ騎手からの乗り替わり。技術力では川田騎手が圧倒するため、妙味はないものの馬券には絶対に加えておくべき馬だった。

3着のレオンバローズは、乗り替わりというよりはシンプルに実力上位で押さえたというかたち。オッズ的な旨味が強烈だったアイルシャインから入り、上位人気を相手にすればカンタンに獲れるレースだったといえる。

朝一番のお宝はこの乗り替わり！払戻500万円の大台突破

◆的中例③：2024年3月23日（土）中山1R 3歳未勝利

私が軸に据えたのは、吉田豊騎手からVIP騎手の小林勝太騎手に乗り替わった⑬チェルシー。近2走は吉田豊騎手が騎乗して連続5着と、あと一歩のところまでは来ていたものの、デビュー以来、馬券に一度も絡んだことがない馬だった。

このレースで初めてコンビを組んだ小林勝騎手は、前傾度合い・ブレ度合いともに吉田豊騎手よりも優秀。減量特典もあるので、大きく狙うことができる。

また、通常追いの吉田豊騎手から、通常追いとシッティングプッシュを併用する小林勝騎手への乗り替わりというのも魅力的だった。事実、これまでのレースぶりが嘘のように好位から危なげなく抜け出して快勝。個人的に約５００万円の払戻金を得ることができた。

世の中の競馬ファンは、吉田豊騎手からルメール騎手への乗り替わりであれば、プラスと判断できるだろう。しかし、吉田豊騎手から小林勝騎手への乗り替わりの場合はどうか？

これに対して根拠を持ってプラスといえる方はほとんどいないはず。それゆえに、私はこんなにオイシイ馬券を獲ることができたのだ。

2着に入った単勝12番人気の⑨ケープアグラスは、デビュー戦となった前走で終始コーナーで外を回すロスがあったことが評価のポイントになった。

リーディング下位の伊藤工真騎手ということで人気はまったくなかったが、伊藤騎手の騎乗フォーム自体は特筆すべき値ではないものの水準を上回る数値で、戦術力に関しては現役騎手のなかでもトップクラスの数値を示している。よってこの馬は、コーナーロスがあったことや、戦術力の高い騎手であることから買い目に入れることができた。

3着の⑯コウユーユメノヨウは、単勝2・6倍と高い評価を受けていたように能力上位の馬。ただ、鞍上の木幡初也騎手は技術力の値が低く、【ジョッキーVAR】的には推せない騎手である点が気になった。能力上位なのは間違いないので買い目には入れていたものの、取りこぼしの可能性もあると考えて、馬連を購入したのが大正解だったといえよう。

このように、能力上位の馬に技術力の低い騎手が騎乗して上位人気になっている場合は、2着以下に敗れるケースが非常に多く、2着に敗れた場合の単系馬券や、3着に敗れた場合の2連勝馬券の破壊力

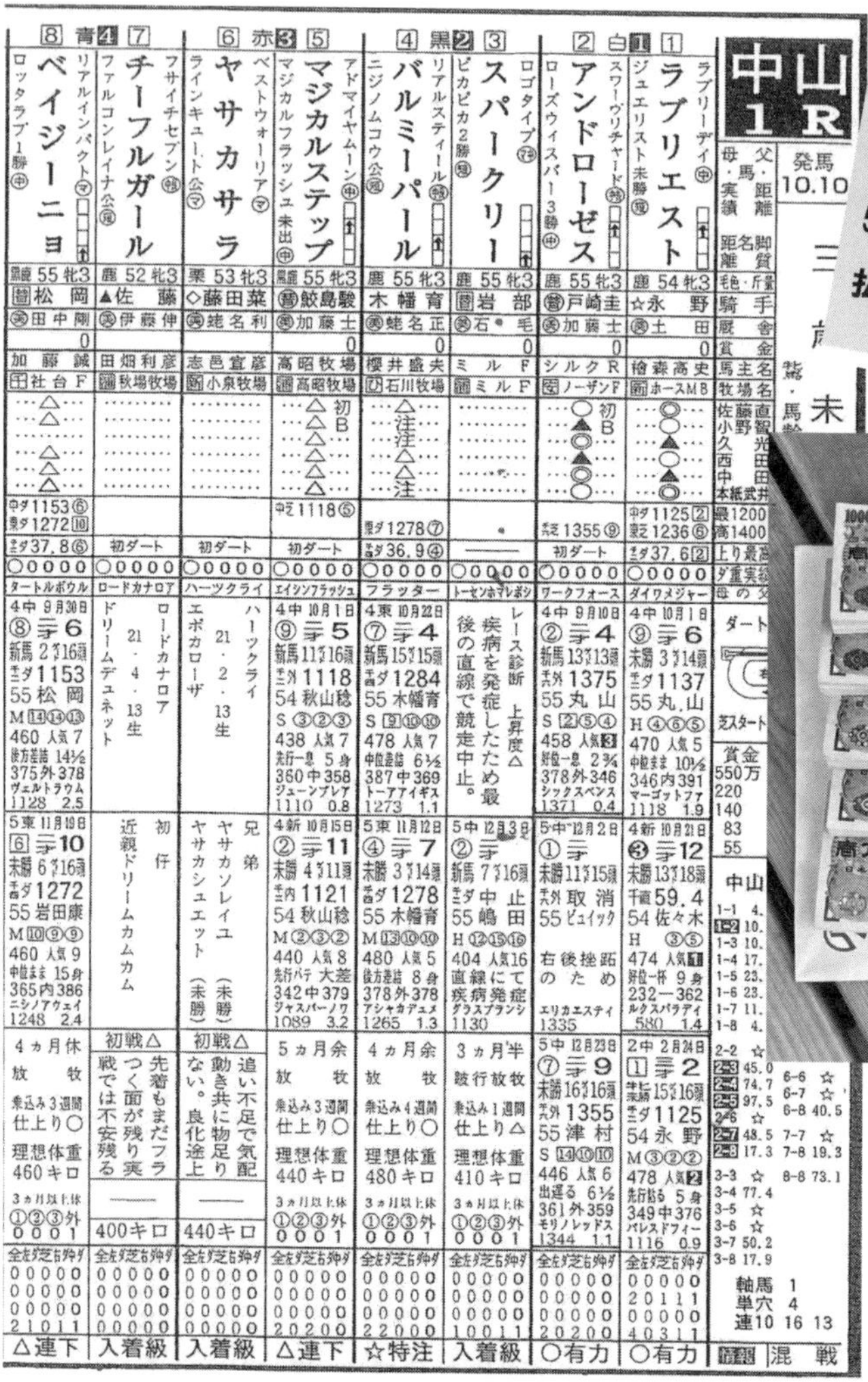

中山 1R

枠番	馬番	馬名	父	母	斤量	騎手	厩舎	馬主	牧場	評価
1	1	ラブリエスト	ラブリーデイ	ジュエリスト	54	☆永野	土田	稲森高史	ホースMB	○有力
2	2	アンドローゼス	スワーヴリチャード	ローズウィスパー	55	戸崎圭	加藤士	シルクR	ノーザンF	○有力
3	3	スパークリー	ロゴタイプ	ピカピカ	55	岩部	石毛	ミルF	ミルF	入着級
4	4	バルミーパール	リアルスティール	ニジノムコウ	55	木幡育	蛯名正	櫻井盛夫	石川牧場	☆特注
5	5	マジカルステップ	アドマイヤムーン	マジカルフラッシュ	55	鮫島駿	加藤士	高昭牧場	高昭牧場	△連下
6	6	ヤサカサラ	ベストウォーリア	ラインキュート	53	◇藤田菜	蛯名利	志邑宣彦	小泉牧場	入着級
7	7	チーフルガール	フサイチセブン	ファルコンレイナ	52	▲佐藤	伊藤伸	田畑利彦	秋場牧場	入着級
8	8	ベイジーニョ	リアルインパクト	ロッタラブ	55	松岡	田中剛	加藤誠	社台F	△連下

混戦

こちらも減量騎手が主役
3連複237.8倍を
計8000円的中！
馬連621.4倍を
5000円的中！
払戻計**500万**9400円！

(9) 中山（土）1R	16ー5頭ー5頭	
的中 3連複軸1頭ながし	各5,000円	
(10) 中山（土）1R	24組	
的中 3連複フォーメーション	各3,000円	
(11) 中山（土）1R	15組	
的中 馬連ボックス	各5,000円	

●2024年3月23日・中山1R（3歳未勝利、ダート1200m）

1着⑬チェルシー

▲小林勝太騎手・52キロ

（4番人気）

2着⑨ケープアグラス

伊藤工真騎手・55キロ

（12番人気）

3着⑯コウユーユメノヨウ

木幡初也騎手・55キロ

（2番人気）

単⑬ 870円

複⑬ 230円

⑨ 4230円

⑯ 130円

馬連⑨－⑬ 62140円

馬単⑬→⑨ 122140円

3連複⑨⑬⑯ 23780円

3連単⑬→⑨→⑯ 407480円

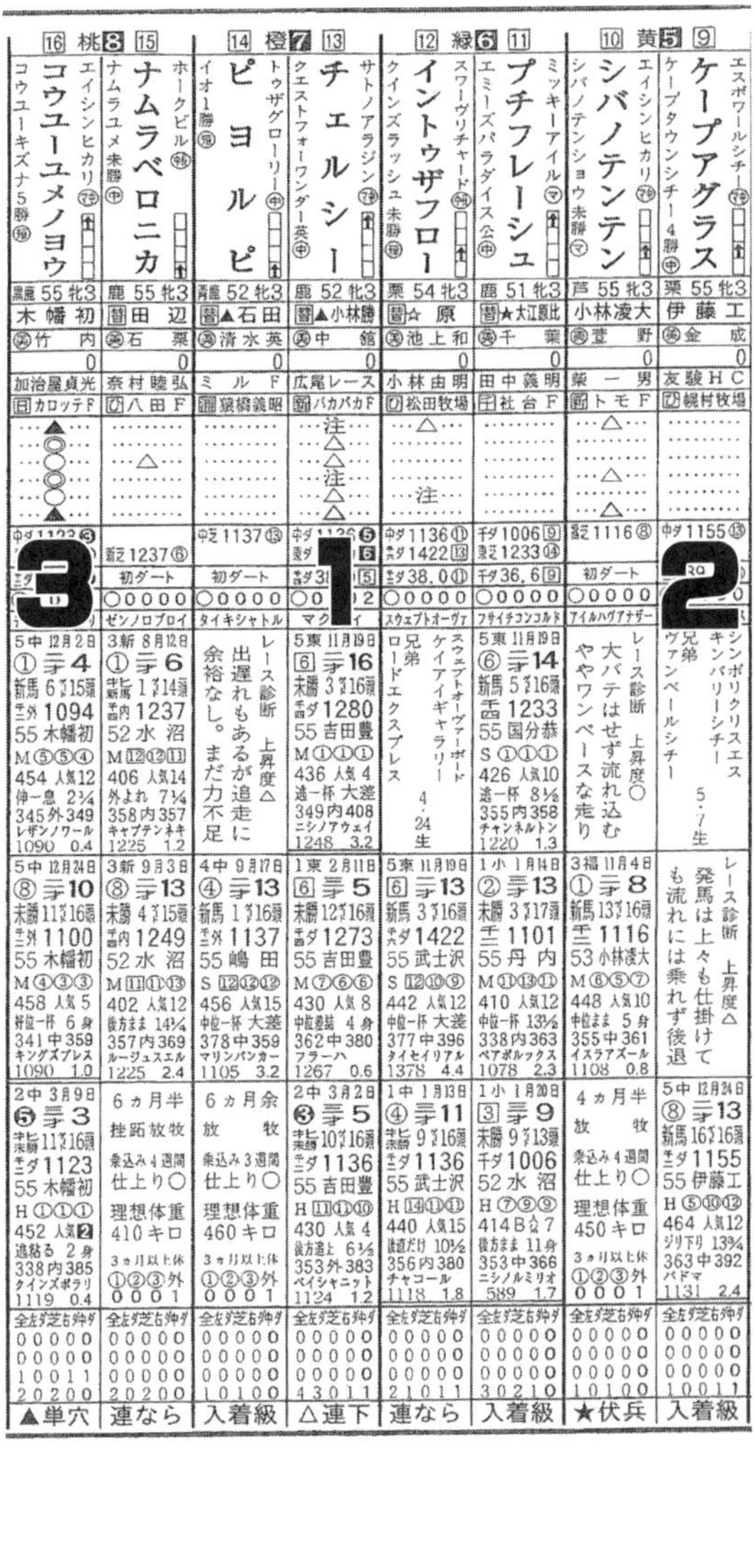

馬番	馬名	父	母	性齢・斤量	騎手	厩舎	馬主	生産者	評価
9	ケープアグラス	エスポワールシチー	ケープタウンシチー	栗 55 牝3	伊藤工	金成	友駿HC	槇村牧場	入着級
10	シバノテンテン	エイシンヒカリ	シバノテンショウ	芦 55 牝3	小林凌大	萱野	柴一男	トモF	★伏兵
11	プチフレーシュ	ミッキーアイル	エミーズパラダイス	鹿 51 牝3	★大江原比	千葉	田中義明	社台F	入着級
12	イントゥザフロー	スワーヴリチャード	クインズラッシュ	栗 54 牝3	☆原	池上和	小林由明	松田牧場	連なら
13	チェルシー	サトノアラジン	クエストフォーワンダー	鹿 52 牝3	▲小林勝	中舘	広尾レース	バカバカF	△連下
14	ピヨルピ	トゥザグローリー	イオ	青鹿 52 牝3	▲石田	清水英	ミルF	猿倉義昭	入着級
15	ナムラベロニカ	ホークビル	ナムラユメ	鹿 55 牝3	田辺	石栗	奈村睦弘	八田F	連なら
16	コウユーユメノヨウ	エイシンヒカリ	コウユーキズナ	黒鹿 55 牝3	木幡初	竹内	加治屋貞光	カロッテF	▲単穴

が増す。
加えて、1番人気の①ラブリエストも技術力が低めの永野猛蔵騎手が騎乗。上位人気に技術力の低い騎手が多い場合は高配当が出現しやすく、そこを攻めるのが私の勝負パターンのひとつになっている。

出遅れ率で浮上、スタート巧者の浜中騎手への乗り替わりで買い！

◆的中例④：2024年3月30日（土）阪神3R　3歳未勝利

このレースで私は、永島まなみ騎手からＶＩＰ騎手の浜中俊騎手に乗り替わる⑱エマロアに注目した。前走はやや出負け気味のスタートで終始プレッシャーをかけられるかたちとなり、思うように脚が溜まらずに9着に敗退。

今回は技術力で大幅に上回るかつ、（出遅れ率Ｃランクの永島騎手に対して）出遅れ率Ｓランクでスタートが得意な浜中俊騎手への乗り替わりなので、絶好の狙い時と判断した。

結果、大外枠ながらもロケットスタートを決め、そのまま危なげなく逃げ切ることに成功。先行脚質の馬がスタートの上手い騎手への乗り替わりによって一変する、お手本のようなパターンだった。

同様に2着となった⑫ゲルタも、泉谷楓真騎手から、技術力で大きく上回るうえに出遅れ率Ｓランクの松山弘平騎手への乗り替わり。エマロアとともにスタートを決めて、そのままゴールまで2番手をキープすることができた。

3着の⑰ベイステートには、新人の吉村誠之助騎手が騎乗。今回は名鑑に載せていないので詳細は割愛させていただくが、模擬レースを入念にチェックした結果、私が40期生のなかでいちばん注目したのは吉村騎手で、次いで高杉吏麒騎手と柴田裕一騎手であった。

馬券を見てもらえればわかるが、私はこのレースを、エマロア・ゲルタ・ベイステートのワイドBOXで的中させている。騎手のウデを正確に把握しているからこそ、このような人気薄だけに絞った馬券を、自信を持って購入することができるのだ。

ちなみに、この1週前の吉村騎手の初勝利（3月24日の六甲S＝9番人気ボルザコフスキーに騎乗）の際は、減量特典の活かせないオープン戦ゆえに「ここで初勝利はないだろう」と軽視してしまい、痛恨の獲り逃しを経験したのだが、このレースでその悔しさを晴らすことができた。

デビューしたての新人騎手を名鑑に入れていない理由は、騎乗フォームがまだ固まっておらず、数値がこの先変わってくることが予想されるため。模擬レース時点で判断した吉村誠之助騎手↓高杉吏麒騎手・柴田裕一騎手という優劣の評価は、現執筆時点（２０２４年4月下旬）でも変わらないが、前傾姿勢度合いやブレ度合いはこれからもっと数値が上昇していく可能性が高い。

加えて、戦術力もこれからどんどん経験を積んで数値が変わっていくし、そもそもまだデビューして数週ゆえに母数が少なすぎて、統計的に信頼できる値にはならない。だから今回は新人騎手の掲載を見送ったのだ。

今後、特設サイト（https://kawada-shinichi.com/var/）にて、読者の皆さんには新人騎手のデータを無料で公開するので、そちらにアクセスしていただきたい。

スタート巧者・
技術力上位の
浜中騎手に注目！
ワイドと枠連に
ズドン！
払戻**396万**5000円！

阪神 3R 3歳未勝利 芝1800（右・外回り）

枠・馬番	馬名	父	母	斤量	騎手	厩舎	馬主	牧場
白1 1	ドナドナ	サンダースノー	ドナパフューム（未出）	栗 53 牝3	◇永島	小篠	ニッシンHD	千里F
白1 2	フローラルセント	キズナ	サマーローズ（2勝）	鹿 55 牝3	藤岡康	松下	吉田晴哉	白老F
黒2 3	サイナシュア	マサー	セレブリティ（2勝）	栗 55 牝3	荻野琢	大久保龍	ゴドルフィン	ダーレージャパン
黒2 4	ナリタセレーノ	サンダースノー	ナリタスカイ（2勝）	栗 54 牝3	☆田口	宮本	オースミ	白井牧場
赤3 5	ヘルト	ブリックスアンドモルタル	ヒーラ（3勝）	鹿 56 牝3	☆松本	森秀	平井裕	白井牧場
赤3 6	コーンウォリス	ハービンジャー	フロレットアレー（1勝）	鹿 57 牝3	和田竜	平田	社台RH	社台F
青4 7	(外)アルシンダガ	ドバウィ	エンシエントアート	鹿 57 牝3	杉原	斉藤崇	ゴドルフィン	イギリス
青4 8	クイーンオブリリー	ルーラーシップ	ミステリアスガール（未勝）	鹿 54 牝3	☆秋山稔	宮	小川勲	服部牧場
黄5 9	カルデア	ブリックスアンドモルタル	サラフィナ（仏）	鹿 57 牝3	池添	友道	インゼルR	社台F
黄5 10	レイナドラーダ	レイデオロ	ショウナンパンドラ（5勝）	栗 55 牝3	西村淳	高野	シルクR	白老F

賞金 550万 220 140 83 55　レコード 1.43.0 23年9月 マスクトディーヴァ 54岩田望

阪神3R 枠連
1-1 ☆ 1-2 83.3 1-3 53.8 1-4 78.2 1-5 20.2 1-6 6.5 1-7 12.1 1-8 25.5 …

0009 001) 阪神（土）3R ワイドBOX
的中 購入金額:120,000円 払戻金額:1,436,000円

0010 001) 阪神（土）3R 枠連フォーメーション
的中 購入金額:210,000円 払戻金額:375,000円

0010 002) 阪神（土）3R ワイド
購入金額:100,000円 払戻金額:0円

0010 003) 阪神（土）3R ワイドながし
購入金額:100,000円 払戻金額:0円

0010 004) 阪神（土）3R ワイドBOX
的中 購入金額:90,000円 払戻金額:2,154,000円

●2024年3月30日・阪神3R（3歳未勝利、芝1800m）

1着⑱エマロア
浜中俊騎手・55キロ
（5番人気）

2着⑫ゲルタ
松山弘平騎手・57キロ
（7番人気）

3着⑰ベイステート
吉村誠之介騎手・54キロ
（8番人気）

⑱ 桃8	⑰ 桃8	⑯	⑮ 橙7	⑭ 橙7	⑬	⑫ 緑6	⑪
ロードカナロア **エマロア** エマノン 4勝	シルバーステート **ベイステート** ペニーウェディング 1勝	キズナ **ダックアンドドレイク** オフクヒメ 3勝	アメリカンファラオ? **フィールアライヴ** ヌチバナ 公	オルフェーヴル **トレポンティ** ブラーノ 未勝	ロードカナロア **キングブルー** ルルパンブルー 3勝	モーリス **ゲルタ** ロイヤルバラード 米	モーリス **シュヴェルトリリエ** リスグラシュー 7勝
鹿 55 牝3	鹿 54 牡3	黒鹿 54 牡3	栗 54 牝3	鹿 55 牡3	黒鹿 57 牡3	鹿 57 牡3	鹿 57 牡3
浜中	▲吉村	▲柴田裕	☆角田河	松若	藤岡佑	松山	鮫島駿
平田	清水久	中竹	高橋亮	石坂公	四位	奥村豊	矢作
0	0	0	0	0	0	0	0
丸山担	シルクR	加藤誠	吉田晴哉	ヒダカBU	TNレーシング	幅田昌伸	キャロットF
ノーザンF	ノーザンF	谷口牧場	追分F	白井牧場	千代田牧場	チャンピオンズF	ノーザンF
◎ △ △ △ … △	… … … … △ …	…	…	… … … … △ …	△ ▲ ▲ ◎ ○ ▲	△ 注 ○ △ 注 △	○ ○ ◎ ○ ◎ ○
阪 [illegible] 5② 小 [illegible] 6⑨ 芝 [illegible] 9②	[illegible]	小 1533⑪ 芝 38.4⑪	ダ 1579⑩ 初芝	ダ 1564⑫ 初芝	東 1497② 芝 33.9②	[illegible]	芝 2017③ 芝 34.9③
○0 [illegible] 0 0	[illegible]	○0000	○0000	○0000	○0000	[illegible]	○0000
ハーツクライ	ブロークンヴァウ	キンシャサノキセキ	キングカメハメハ	キングカメハメハ	ジャングルポケット	イルーシヴクオリティ	ハーツクライ
3京 11月12日 ④ 芝2 未勝 13ト13頭 芝内 1353 55 ムーア M②③② 484 人気2 好位伸 1½ 347中365 オフトレイル 1350 0.3	ブロークンヴァウ ペニーアーケイド 兄弟 ペニードロップス 4・23生	キンシャサノキセキ シーソング 初仔 2・7生	キングカメハメハ ラバヤデール 兄弟 ミッキーヌチバナ 3・9生	キングカメハメハ レディオブヴェニス 兄弟 エクレアヒカリ 3・8生	ジャングルポケット ガトーショコラ 兄弟 ライラックカラー 4・28生	イルーシヴクオリティ ミュージカルチャイムズ 兄弟 アートオブサウンド 2・6生	ハーツクライ リリサイド 初仔 2・7生
5阪 12月2日 ① 芝6 牝馬未勝 9ト10頭 芝外 1348 55 ムルザバエフ S①①① 484 人気2 逃一杯 3¾ 351内350 ルミッキ 1342 0.6	2京 1月27日 ① 芝15 新馬 5ト16頭 芝ダ 1310 57 岩田望 H④⑥⑥ 500 人気3 好位一杯 大差 359中429 ファストレーン 1261 4.9	レース診断 上昇度△ 向正で外を回って追い上げたが直線は一杯に	レース診断 上昇度△ 線が細く非力な印象。馬体が増えてからか。	レース診断 上昇度△ 発馬が一息で最後方から。しばらくは厳しい	レース診断 上昇度◎ 前が止まらなかったが好位から伸び脚は上々	2新 7月29日 ① 芝3 新馬 6ト6頭 芝外 1382 55 西村淳 S④③② 510 人気5 出遅る 5¼ 385内342 ダノンキラウェア 1373 0.9	4阪 9月24日 ⑦ 芝3 新馬 6ト7頭 芝内 2017 55 坂井 S③③③ 448 人気2 好位粘る 2½ 382中349 ショウナンラプ 2013 0.4
2小 2月25日 ⑥ 芝9 未勝 9ト16頭 芝 1516 52 永島 M①②② 480 人気2 逃一杯 11¾ 356内389 セレスト 1497 1.9	2小 2月10日 ① 芝11 未勝 3ト14頭 芝 1504 57 幸 S⑩⑫⑪ 498 人気11 後方まま 5身 386外352 ジェロニモス 1496 0.8	2小 3月3日 ⑧ 芝11 未勝 10ト14頭 芝 1533 54 柴田裕 S⑭⑩⑨ 468 人気12 後方まま 14¾ 397外384 キーチパルフェ 1509 2.4	2京 2月17日 ⑦ 芝10 新馬 16ト16頭 ダ 1579 54 角田河 S⑩⑩⑫ 424 人気15 中位一杯 大差 386外403 ミッキークレス 1546 3.3	1阪 2月25日 ② 芝12 牝馬未勝 13ト13頭 ダ 1564 55 松若 S⑫⑧⑨ 456 人気6 後方まま 大差 392中399 スマートブレシ 1526 3.8	1東 2月4日 ④ 芝2 新馬 1ト16頭 芝 1497 57 藤岡佑 S④③③ 482 人気4 好位伸 1¼ 382中339 スーパーバイザ 1495 0.2	1中京 3月17日 ④ 芝4 未勝 5ト16頭 芝 1365 56 泉谷 S⑩⑪⑪ 516 人気8 出遅る 4½ 377中344 ビッグアチェリ 1357 0.8	1中京 3月9日 ① 芝4 未勝 12ト12頭 芝 2036 57 三浦 S④③③ 456 人気1 好位一息 1¾ 376中353 スノーディーグ 2033 0.3
全左ダ右阪 00000 20021 00000 41031	全左ダ右阪 00000 00000 00000 20110	全左ダ右阪 00000 00000 00000 10010	全左ダ右阪 00000 00000 00000 10100	全左ダ右阪 00000 00000 00000 10100	全左ダ右阪 00000 11000 00000 00000	全左ダ右阪 00000 00000 11000 11000	全左ダ右阪 00000 00000 10011 11000
△連下	連なら	入着級	入着級	連なら	▲単穴	△連下	○有力

1 3 2

単⑱ 1270円
複⑱ 470円
⑫ 320円
⑰ 610円
枠連6－8 1250円
馬連⑫－⑱ 6820円
馬単⑱→⑫ 13860円
ワイド⑫－⑱ 1800円
⑰－⑱ 1950円
⑫－⑰ 3430円
3連複⑫⑰⑱ 32810円
3連単⑱→⑫→⑰ 202870円

●著者紹介

川田信一（かわだ・しんいち）

1978年、東京都出身。趣味で始めたメルマガが、人気薄の単勝を的確に当てることで評判に。わずか半年で2,000人を超える読者が口コミだけで集まる。競馬で飯を食う馬券生活者で、汐留・渋谷ＷＩＮＳにて高額払戻しの常連。オンラインサロン『Kawada Salon』を主宰。

【ジョッキーVAR特設サイトのご案内】

ジョッキーＶＡＲを活用した予想、2024年デビューの新人騎手や短期免許の外国人騎手の評価などを完全無料で公開しています。また、質問も随時受け付けております。

https://kawada-shinichi.com/var/

注：特設サイトは時期によっては終了している場合もあります。

ジョッキーVAR《ヴイエーアール》！騎手名鑑《きしゅめいかん》

発行日　2024年6月5日　　第1版第1刷

著　者　川田《かわだ》　信一《しんいち》

発行者　斉藤　和邦

発行所　株式会社　秀和システム
〒135－0016
東京都江東区東陽2-4-2　新宮ビル2Ｆ
Tel 03-6264-3105（販売）　Fax 03-6264-3094

印刷所　三松堂印刷株式会社　Printed in Japan

ISBN978-4-7980-7269-2 C0075